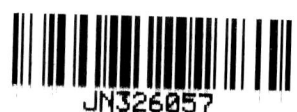

写真が語る

赤い家の真実

アクションリサーチによる戦争被害者のエンパワメントとアドボカシー

武田 丈

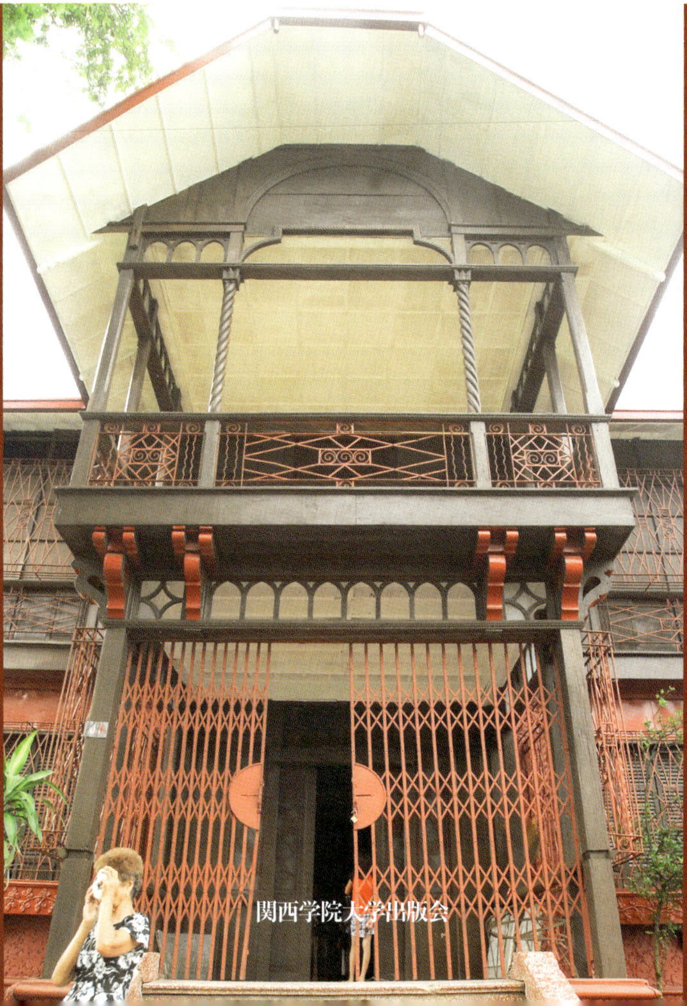

関西学院大学出版会

目　次

図表・写真目次

フォトボイス作品　目次

第1部

写真が語る戦争被害

今から68年前、フィリピンのマパニケ村は、日本軍によってこの世の想像を絶するような戦争被害を受けた。それにもかかわらず、その戦争被害は戦後長い間、語られることはなかった。いや、語ることができなかったと言った方がいいであろう。それほど、日本軍のマパニケ村での行為が、人間としての尊厳を奪うものであったからである。戦後50年近くが経過した1990年代にはいって、ようやくマパニケ村で戦争被害を受けた女性たちは、正義を求めて身を削るようにして自分たちの経験を語ることができるようになった。しかし女性たちは、未だに辛い過去の思い出や記憶、心の傷、日本国政府の事実否認、社会からの無関心や偏見と闘っている。第1部では、第1章でこのマパニケ村で取り組んだフォトボイスという参加型アクションリサーチを実施した背景を説明した後、第2章でこのフォトボイスの成果である写真作品が紡ぎだすマパニケ村の戦争被害を紹介していく。

第1章

はじめに

フィリピンの明るい民族音楽にのせて色とりどりのドレスを着て楽しそうに並んで踊るロラ（タガログ語で「おばあさん」）たち。その姿は、どこか少しかわいらしく、しかし凛とした雰囲気を漂わせている（写真1参照）。ロラたちの孫にあたる村の若者たちも、その姿を嬉しそうに、そして少し誇らしげに周りで見守っている。なかには、ロラたちに混じって踊りだす20歳前後の孫娘たちもいる。私も含め、その場のすべての人たちの表情が自然にゆるむ。フィリピンの首都マニラから車で2時間ほどの、パンパンガ州カンダバ郡にある水田に囲まれた小さな村、マパニケ村の2009年11月最後の土曜日の光景である。

写真1：写真展のオープニングで踊るロラたち

マパニケ村

この平和でのどかな光景からは想像もつかない辛く悲しい過去が、この村には存在する。1944年11月23日の夜明け前、マパニケ村の住民たちは突然の爆撃や銃撃によってたたき起こされた。第二次世界大戦中、フィリピンを侵略していた日本軍がこの村を襲撃したのである。目的は、マパニケ村に潜伏している反日本軍のゲリラを討伐し、またゲリラを支援している村を破壊することであった。その日、何百人という日本兵たちは、村のすべての家を焼き払い、捕らえた村民を村で唯一の小学校に集めた。そして、住民の中からゲリラを見つけ出すため、男性村民に拷問を加えたり、撃ち殺したりしたのである。日本兵たちは、その遺体を校舎ごと燃やすと、今度は村の若い女性たちに村から奪った食料などの物資を、日本軍が駐屯地として占領していた2キロ離れた地主の屋敷「バハイ・ナ・プラ（タガログ語で「赤い家」の意[1]）」まで運ばせた。バハイ・ナ・プラにつくと、日本兵たちは2階建ての屋敷内のさまざまな部屋、さらには庭の数々のテントに女性たちをばらばらに連れていき、翌朝まで強姦し続けたという。

戦争が終わると、生き延びた村民たちは少しずつ村に戻って生活を再開していった。しかし、あの日にマパニケ村の女性たちが受けた辛く残虐な体験を語ることは、その後何十年間タブーとされてきた。それが、世界各地で元慰安婦たちが自分たちの過去を証言する1990年前後からの動きに後押しされる形で、マパニケ村のロラたちも「マラヤ・ロラズ（＝自由なおばあさんたち）」という組織を立ち上げて、日本政府に対して正式な謝罪と賠償金を求める活動を行うようになった。2000年に東京で開催された「女性国際戦犯法廷」の中では、日本軍の撃兵団の命令書や多くの人たちの証言により「有罪」判決が下されたものの、未だに日本政府は正式な謝罪も賠償金の支払いも行っていない。

初めての訪問

2001年よりフィリピンをフィールドに研究やNGOの活動支援に携わってきた私は、ひょんなことからこの村が受けた戦争被害について知り、2008年11月23日に初めてこのマパニケ村を訪れた。毎年この日に開催されているマラヤ・ロラズの集会に参加させてもらったのである。ロラたちは、日本人男性である私に対しても優しく接してくれ、自分たちの経験を静かに語ってくれた。その後、追悼の集会が開催されていたマラヤ・ロラズのリーダーのロラ・リタ（=リタおばあさん）の家から、ロラたちとともに当時の「現場」である小学校に移動した。JICA（国際協力機構）によって建て直されたという小学校の片隅には、ここで虐殺された男性たちを祀った慰霊碑があり、ロラたちに混じってロウソクを灯してのお祈りに参加した。ただ、集会にも、お祈りにも、ロラたちとロラを支援するマニラのNGOカイサ・カ（Kaisa Ka）[2]のスタッフ以外はいない。慰霊碑の周りで遊んでいる子供たちにその慰霊碑のことを尋ねてみても、まったくの知らん顔であった。

この後、もう一つの「現場」であるバハイ・ナ・プラに連れていってもらい、私のマパニケ村への最初の訪問も終わりかけようとしていたときであった。村へ戻る車中、私の隣に座っていたロラ・ベレンが突然私の手を握り、訴えかけるような眼差しで私を見つめた。その瞬間、“Help us, Joe !”というロラ・ベレンの絞り出すような声が、水田の間を村へとまっすぐ延びる一本道に響いた。マパニケ村で調査を行うかどうか迷っていた私は、その瞬間に「私の出来ることでロラたちを支援しよう」と誓ったのであった。

マパニケ村での取組

マパニケ村の受けた戦争被害の事実確認に関しては、これまでNGOや女性国際戦犯法廷の関係者が繰り返し村を訪問し、ロラたちにインタビューをしてきた。なので、私はどうせかかわるならロラたちだけを対象にした調査ではなく、その子どもや孫たちもかかわることのできる参加型アクションリサーチを実施することを思いついた。ロラたちと比較して若い世代が村の過去に無関心のように思えたこと以上に、一番若いロラでさえ70代後半という高齢化の進むなか、誰がこれから事件のことを語り継いでいくのかが気がかりだったからである。

そこで、写真を用いた参加型アクションリサーチである「フォトボイス」を行うことをマラヤ・ロラズに提案した。フォトボイスとは、対象となるコミュニティの住民にカメラを渡し、特定のテーマに基づいて写真(フォト)を撮影してもらう。その写真に撮影者自身が語り(ボイス)を付け、写真と共に撮影者のメッセージを伝える。さらにこのプロセスを通して見えてくる問題をコミュニティ内で共有し、住民同士や専門家の意見を交えながら積極的に討議し、解決方法を見つけたり、アドボカシー活動[3)]を展開していく手法である。

今回のプロジェクトは、マパニケ村の被害者女性であるロラたち5名と、その子や孫にあたる村の若者18名が参加して、2009年10月から11月にかけて行われた。プロジェクトを通して、マパニケ村が受けた戦争被害の実態を、ロラたちから村の若い世代に語り継ぎ、正義のために村として何ができるかを話し合ってもらった。また、プロジェクトの成果である写真を活用した写真展を開催することによって、社会に対して正義を訴えるアドボカシー活動を展開した。

冒頭のシーンは、小学校の校舎と校庭を借りて、プロジェクトの成果として開催した写真展のオープニング・セレモニーでの一場面である。この日は、孫たちが司会進行すすめるなか、村の多くの人たちが参加していた。ロラたちのダンスに続いては、村の男の子たちよるラップ音楽の披露である。静かな校庭にミスマッチなラップ音楽が響くなか、「ロラたちと村の若い世代が初めて戦争被害について協働作業する機会に立ち会えて嬉しかったこと、そしてそのきっかけを作ってくれたのがあなたです。ありがとう」ということを伝えたくて、私は踊り終えて休んでいるロラ・ベレンに歩み寄り、しっかりと彼女の手を握った。

第2章

写真が紡ぎだすマパニケ村の戦争被害

マパニケ村で行ったフォトボイス・プロジェクトの中では、参加したロラたちと若者たちがマパニケ村のさまざまな顔を、写真として撮影して表現している。第2章では、村に残る戦争被害、およびこの戦争被害の爪痕が残るこの村で生活するロラたちの日常を紡ぎだした作品を、撮影者自身の語り（ボイス）とともに紹介する。

フォトボイス作品 1

過去の爪痕

第二次世界大戦中、旧日本軍に襲われて
命を失った人たちを祀った慰霊碑。

撮影者：孫 D　(20 歳[4]、男性)

フォトボイス作品２

バハイ・ナ・プラ：マパニケの史跡

ロラたちが一昼夜強姦され続けた家。

撮影者：孫Ｉ（24歳、男性）

フォトボイス作品３

暴力的な過去への扉

マラヤ・ロラズが汚され、強姦された
バハイ・ナ・プラ（赤い家）の正面玄関。

撮影者：子どもＡ　(27 歳、男性)

フォトボイス作品 4

希望って本当にあるの？

旧日本軍に恐ろしい体験をさせられた
バハイ・ナ・プラ（赤い家）のバルコニーにたたずむロラ。

撮影者：孫 D　（20 歳、男性）

フォトボイス作品5

ロラたちの叫び 1

第二次世界大戦によって、
青春と誇りを奪い取られた過去の痛みを語るロラたち。

撮影者：子どもA　(27歳、男性)

フォトボイス作品 6

ロラたちの叫び 2

「赤い家」の中で、第二次世界大戦の痛ましい過去を思いだす
私たちのおばあちゃん、マラヤ・ロラズ。

撮影者：孫 D　(20 歳、男性)

フォトボイス作品７

悲痛な過去

バハイ・ナ・プラの中で、マラヤ・ロラズが語る話を聞き、
彼女たちの痛みと苦しみを感じることができた。
でも、そのような暴力を受けることが、
どんなに恐ろしいことか、私たちには想像もできない。

撮影者：孫Ｑ　（12歳、男性）

フォトボイス作品 8

悲痛な過去の覗き窓

過去の辛い経験を振り返ることで、あの恐ろしい日に
本当は何があったのかを我々に伝えようとしてくれるロラ。

撮影者：孫 D　（20 歳、男性）

フォトボイス作品 9

暗い過去への窓

日本軍によってマラヤ・ロラズが強姦され略奪された日、
おそらく彼女たちに唯一できたことは、
一縷の望みを窓の外に託すことだけだったのではないだろうか?
早くこの恐ろしい苦難が過ぎ去ること、誰かが助けに来てくれること、
なんとか生きのびることを願って。

撮影者：孫 I（24 歳、男性）

フォトボイス作品 10

死刑執行人たちの棲家

第二次世界大戦中、マラヤ・ロラズの親戚（父親、兄弟、夫、友人）の多くが監禁され拷問を受けた、旧日本軍が師団司令部として使用していた屋敷。多くのものがここで命を失った。

撮影者：子ども A　（27 歳、男性）

フォトボイス作品 11

無言の目撃者

旧日本軍の師団司令部として使用されていた屋敷の前に位置する像。
この像は、第二次世界大戦中に旧日本軍に監禁、拷問、そして虐殺された人々の
苦しみと痛みを知っている唯一の目撃者かもしれない。

撮影者：孫 D　(20 歳、男性)

フォトボイス作品 12

慣れ親しんだ畦道

旧日本軍の兵隊に焼かれた家から略奪された重い荷物を
強制的に運ばされた畦道を、時間を遡ってロラたちと一緒に歩いた。
まさにここが、村から彼女たちが強姦された
バハイ・ナ・プラまで辿った畦道である。

撮影者：子ども A （27 歳、男性）

フォトボイス作品 13

これが私の道

かつて不安と恐怖の中、重い荷物を持たされ
強制的に歩かされた道を辿るロラ。
あの日、彼女たちはぬかるみで転倒する度に、
引きずり出され、鞭打たれ、銃剣の台座で殴られた。

撮影者：孫 D （20 歳、男性）

フォトボイス作品 14

今も残る目撃者

マラヤ・ロラズは、村からバハイ・ナ・プラに辿り着くのに、
２つの小川を越えなければならず、何度も足をとられ、転んだ。
腰の高さまで水が流れ、ぬかるんだ川底のこの川を渡るのは、
並大抵のことではなかった。

撮影者：孫Ｄ　（20 歳、男性）

フォトボイス作品 15

橋梁の過去

かつて、彼女たちがこの小川を渡るように命令されたときには、
この小川に橋はまだ掛かっていなかった。
今、彼女はこの橋の欄干に座ってほんの少しの間、物思いにふける。
彼女が思い出すのは、あの日、痛みと恐怖に震えながら
必死でこの川を横断したこと。

撮影者：孫 D （20 歳、男性）

フォトボイス作品 16

残されたものは思い出だけ

私たちはマラヤ・ロラズが一生の愛を捧げ、そして日本兵に殺された、
かつての伴侶が眠る墓前に彼女たちと訪れた。
私たちは、この恐ろしい戦争の被害者たちに敬意と尊敬を払う。

撮影者：孫I（24歳、男性）

フォトボイス作品 17

ここに眠る

戦時中、日本兵によって殺害された親戚や知人が眠る慰霊碑。
虐殺が行われた場所から数メートルしか離れていいない場所に立つこの慰霊碑は、
私たちや祖父母たちが通った公立の小学校の敷地内にある。

撮影者：孫 M　（17 歳、女性）

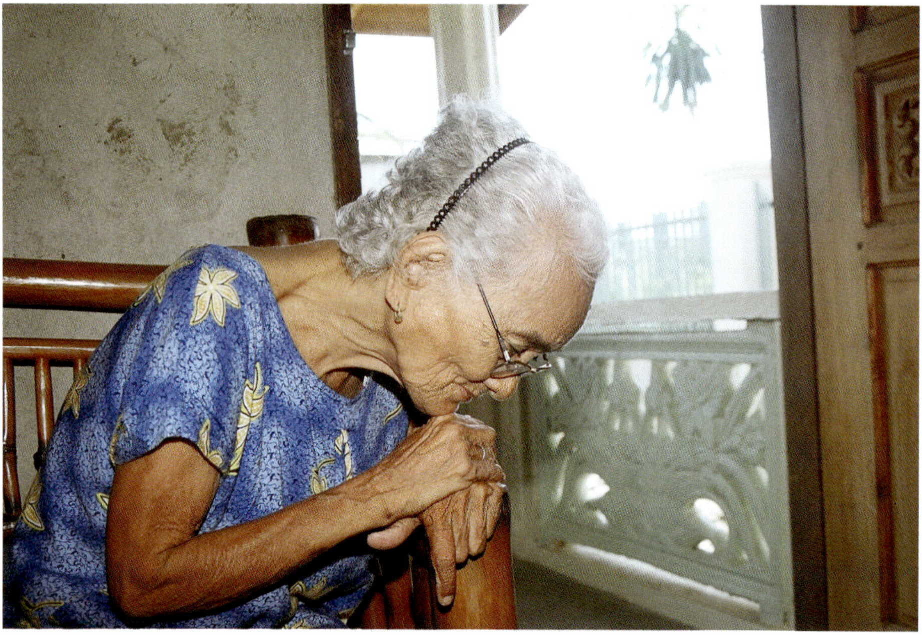

フォトボイス作品 18

希望は残されているの?

マラヤ・ロラズが私たちに尋ねるもっとも重要な問いかけの一つは、
おそらく「希望は残されているの?」であろう。
天寿を全うするまでに、正義はえられるのだろうか?

撮影者:孫 D （20 歳、男性）

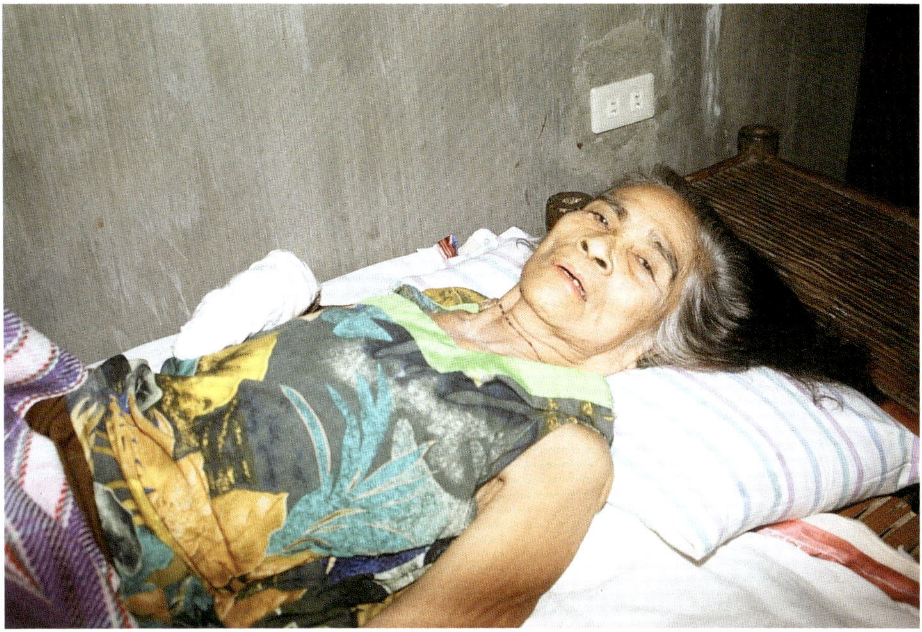

フォトボイス作品 19

ベッド、それとも最期の安息所？

一人、また一人、マラヤ・ロラズは病気になり、衰弱していく。
しかし、正義は遥か遠い彼方。

撮影者：孫 I（24 歳、男性）

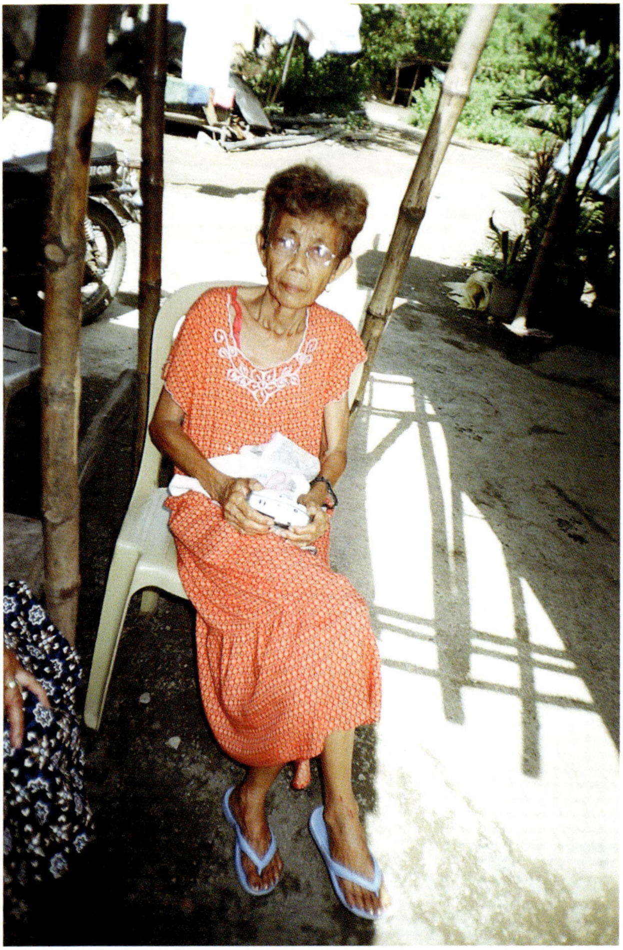

フォトボイス作品 20

これが私のストーリー

与えられたカメラで、孫たちに痛々しい過去をしっかりと伝える象徴や
思い出の場所を撮影するマラヤ・ロラズ。

撮影者：ロラ D　(78 歳、女性)

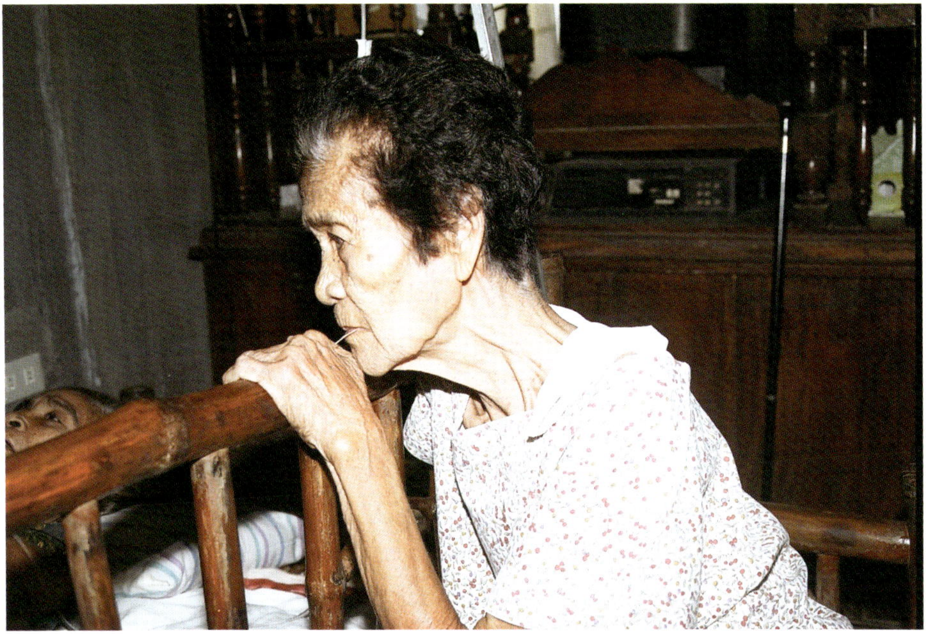

フォトボイス作品 21

不確かな生活

第二次世界大戦の暴力に対する正義のために、
マラヤ・ロラズのメンバーたちがあとどれだけ闘い続けられるのか、
神のみぞ知る。

撮影者：孫I（24 歳、男性）

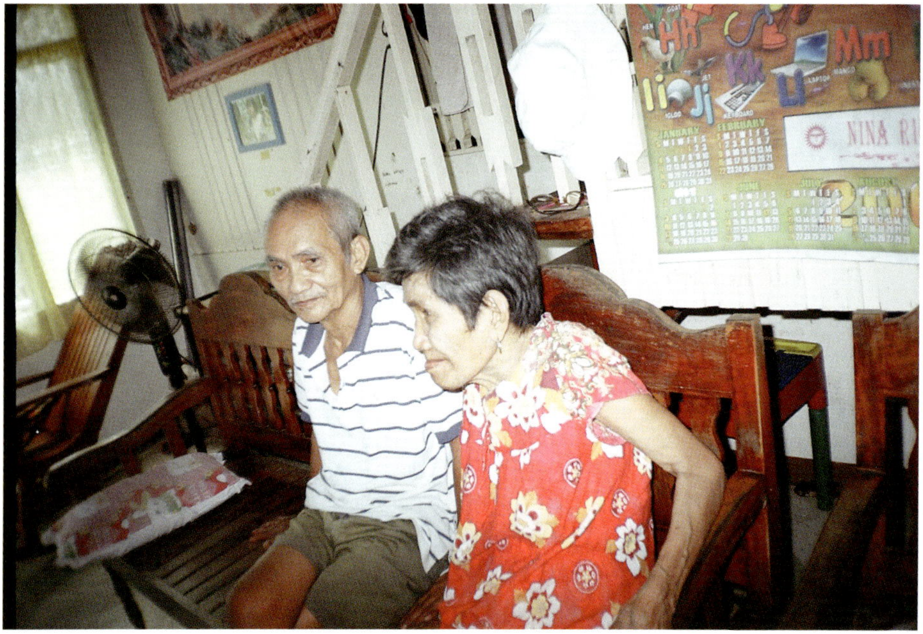

フォトボイス作品 22

これが今の私たち

第二次世界大戦から半世紀、多くのマラヤ・ロラズは弱り、病弱になっていく。
それでも、彼女たちを苦しめた侵略者たちから正義を求め続けるため、
ロラたちはありったけの体力と気力を奮い立たせて生きている。

撮影者：ロラＡ　(79 歳、女性)

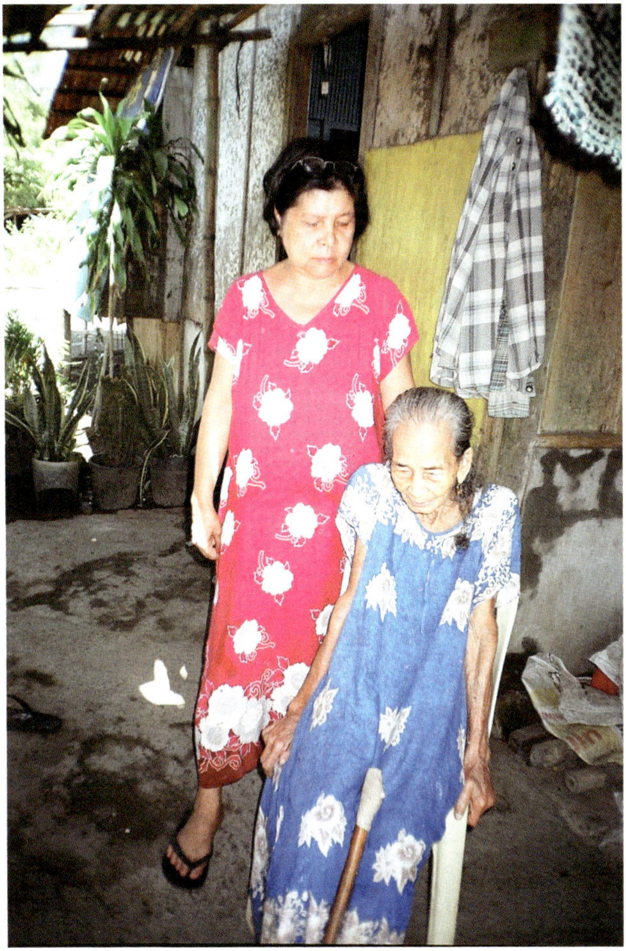

フォトボイス作品 23

過ぎ去った人生の１章

戦争で傷ついた母親（ロラ）と平和を享受するその娘。
世代が異なるだけで、大きな価値観の違いが存在している。

撮影者：ロラＤ　（78 歳、女性）

フォトボイス作品 24

これがロラのストーリー

フォトボイスのためのカメラを握り、フォトボイス作品を使って自分たちの経験を伝え、
辛い過去と戦争の現実を私たちに伝えようとするマラヤ・ロラズ。

撮影者：ロラ D　(78 歳、女性)

フォトボイス作品 25

時間の牢獄

正義をつかむまで、過去の辛い記憶という牢獄に
まだ収容されているかのようなマラヤ・ロラズ。

撮影者：ロラ D　（78 歳、女性）

フォトボイス作品 26

記憶に残されたもの

最近他界したマラヤ・ロラズのメンバーの遺影……。
こうして一人ずつ、そして近い将来全員がこの世を去っていくだろう。
私たちは、自身らを捧げて目指した正義を手に入れることもなく
死を迎えてしまうのだろうか。

撮影者：ロラＥ　(79 歳、女性)

フォトボイス作品 27

ドリーム・ハウス

マラヤ・ロラズの正義を求める夢は、半分だけ達成されたかのようだが、
彼女たちがこの夢を完全に勝ち得るまで生き続けることは難しい。
彼女たちのそれぞれの夢は、この家のように未完成のまま。

撮影者：孫 N （13 歳、女性）

フォトボイス作品 28

まだできる

高齢、体力の低下、障害にもかかわらず、
愛する家族を助けるためにできる限りの家事をしようとするロラたち。

撮影者：孫 D　(20 歳、男性)

フォトボイス作品 29

愉しみ

マラヤ・ロラズたちの愉しみの一つは、
ビンロウ[5]の実とハーブの葉などを用いた噛みタバコである。
専用のハサミでビンロウの実を細かく切り、それをお互いに分け合いながら、
他愛のない話をすることが、彼女たちの日常の一コマである。

撮影者：ロラ D　（78 歳、女性）

フォトボイス作品 30

家庭料理

ロラたちの料理は、私たちの大好物である。
食卓にロラたちの料理が並ぶと、いつも幸せな気分になる。

撮影者：孫 G　（21 歳、女性）

フォトボイス作品 31

よき話し相手

私たちが学校に行き親が仕事をしていて家に誰もいない間、
私たちのロラたちは一日中、自宅に一人である。
この猫のようなペットが、彼女たちのよき話し相手として、
いつも友だちのように話を聞いてあげている。

撮影者：孫 G （21 歳、女性）

フォトボイス作品 32

ゆったりとした時間の流れ

村でのスロー・ライフは、
リラックスしたり、近所の人とゆっくりと話をしたり、
ゆとりある生活を送ることができる。

撮影者：孫 I （24 歳、男性）

第 2 部

マパニケ村の辿ってきた道

現在も日々戦争被害と闘うマパニケ村のロラたち。第 2 部では、彼女たちを未だに苦しめる 68 年前のマパニケ村の戦争被害の状況を詳細に見ていく。第 3 章では、1944 年 11 月 23 日から現在までマパニケ村が辿ってきた道を、文献や筆者のマパニケ村でのフィールドワークから詳細に振り返っていく。第 4 章では、今回のフォトボイスに参加してもらったロラたちの体験に焦点をあて、3 人のロラたちが語るマパニケ村の戦争被害を紹介する。第 5 章では、マラヤ・ロラズが正義を求めて歌い続けている、彼女たちの経験をベースにして作られた歌を通して、ロラたちが受けた戦争被害を検証していく。

第3章

マパニケ村の戦争被害

首都マニラの北西に位置するルソン島中部のパンパンガ州カンダバ郡に位置するマパニケは、フィリピンの片田舎のどこにでもあるような小さくて静かな村である（図1参照，写真2参照）。ルソン島中部の中でもっとも標高の低いカンダバ郡は湿地帯が多く、ぽつんとそびえ立っている標高1030メートルのアラヤット山を除けば、マパニケの周辺も水田が果てしなく広がっている。

1944年当時のマパニケ村の人口に関する資料は残されていないが、当時を知るマパニケの住民によると、1940年代には村には百数世帯があり、1000人を少し超える住人がいたとのことである（Gajudo, Alunan and Macabuag, 2000）。戦争によって多くの犠牲者を出したのにもかかわらず、村の人口は戦後増え続け、1995年の国勢調査によると、521世帯、2981人にまで達した。そののち、このマパニケはバランガイ・マパニケとバランガイ・バランカという2つのバランガイ[6]に分かれたのだが、2007年8月1日時点のバランガイ・マパニケの人口は4079人にまで増えている（National Statistics Office, 2008）。

このように人口も回復し、静かに農業を営みながら平和を取り戻しているかのように思えるマパニケであるが、68年前の爪痕は、今も確実にロラたちに、そして村全体に残されている。本章では、マパニケにおける筆者の2008年以降のフィールドワークおよび文献（Gajudo et al., 2000; 岡野，2000; VAWW-NET Japan, 2002）を基に、1944年11月23日にマパニケ村が受けた戦争被害の概要を説明するとともに、その被害が世界で明らかになっていったプロセス、そしてその後の訴

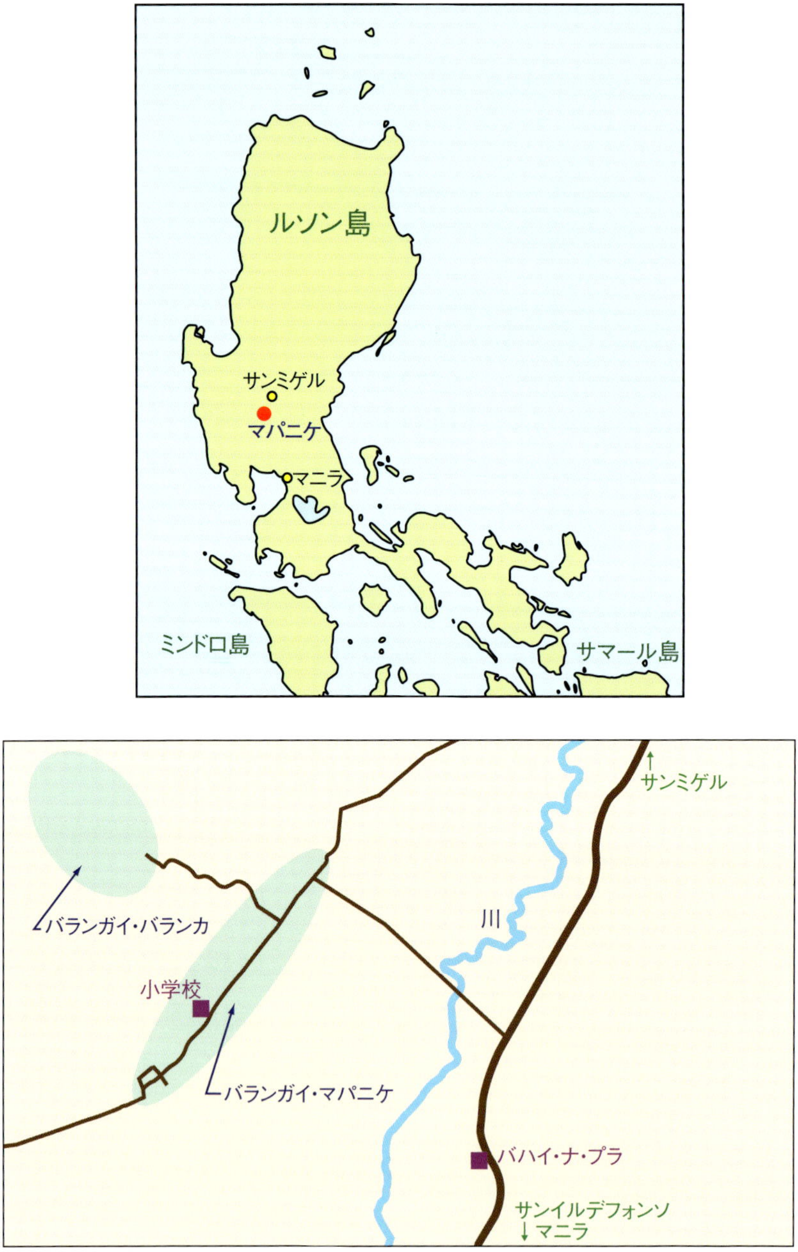
ルソン島
サンミゲル
マパニケ
マニラ
ミンドロ島
サマール島
↑サンミゲル
川
バランガイ・バランカ
小学校
バランガイ・マパニケ
バハイ・ナ・プラ
サンイルデフォンソ
↓マニラ

図１：マパニケ村の地図

写真２：マパニケ村の風景

訟・賠償運動の経過を説明していく。

日本軍による襲撃

それは、1944 年 11 月 23 日の夜明け直前のことであった。突然の爆弾や大砲の嵐が、マパニケ村を襲い、村の住民と家畜は叩き起こされた。しばらくしてこの銃撃の嵐がやむと、村民たちは自宅から飛び出した。村が静寂を一瞬取り戻し、人々が命拾いしたと思った瞬間、村に日本軍の進軍ラッパが鳴り響き、村民たちは数多くの日本兵たちに取り囲まれた。何百人という日本軍の兵士たちが、民家の一つ一つに押し入って村民を強制的に連れ出し、全員を村で唯一の小学校に連行したという。

この校庭で、村の男性たちは縛りあげられ、村民の中の誰が反日本軍ゲリラなのかを白状するよう叩かれたり、銃剣で突かれたり、蹴られたり、さまざまな拷問を受けた。マスクをかぶったフィリピン人の密告者によって指さされたある男性は、集団から引き離されて、さらに拷問を受け続けた。いくら拷問してもその男からゲリラに関する情報を得られないとわかると、日本兵たちはその男性の男性器を切り取って口に押し込んだという。

次に日本兵たちは、残りの男性たちを一列に並べて一斉に発砲し、銃殺した男性の死体、そしてまだ命が絶えていない者の身体をすべて木造の校舎に投げ入れ、火を放った。こうして30名以上の村の男性たちの命が、この日、無残にも日本兵によって奪われた。

しかし、マパニケ村の悲劇はこれだけで終わらなかった。日本兵たちは、今度は自分たちの目の前で父親、夫、息子、兄弟たちが無残に殺されるのをただ泣き叫んで見ることしかできなかった村の若い女性たちに村から強奪した食料を担がせ、日本兵たちが襲撃の前夜に駐屯地として使用していた屋敷まで、水田や川のある足元の非常に悪い2–3キロの道のりを歩かせたという。畦道や泥の中を重い荷物を担いで歩くのは容易ではなく、何度もふらついたり、倒れたりする女性たちを、日本兵たちは容赦なくどなりつけ、暴力をふるった。

そうしてやっとの思いで辿りついたのが、当時の大地主のイルソリオ家が所有していた「バハイ・ナ・プラ」と呼ばれる屋敷であった。戦争が始まって家主がいなくなったこの屋敷には、その日、200名以上の日本兵がいたとされており、屋敷のまわりにはいくつものテントが設営されていた。バハイ・ナ・プラまで連れてこられた女性たちは、それぞれ屋敷の中のあちこちの部屋、そして屋敷のまわりのテントに別々に連れて行かれ、何人もの日本兵よって辱めを受けたのである。

翌朝、ようやく逃げ出したり解放され、やっとの思いで村に帰った女性たちに残されていたのは、灰と化した自宅と、殺されずになんとか生き延びた家族だけであった。彼女たちは、仕方なしに親せきを頼って、それぞれ近くの町に散って行ったという。その後、このマパニケ村の戦争被害、特に女性たちが受けた辱めに関する話題はタブーとされ、公に語れることはなかった。

戦争被害を語りだした経緯

長年心の奥底に閉じ込められていたマパニケ村の戦争被害をロラたちが語るようになったのは、戦後50年以上が経ってからであった。1970年代より旧日本軍による韓国人女性たちの強制連行や元慰安婦に関する書籍（千田, 1973-73; 山崎, 1972; 吉田, 1977）が出版されていたが、1990年に入り韓国や中国などの女性たちが自分は元慰安婦だと名乗り出し、日本政府に対して謝罪と賠償を求める訴訟を起こしはじめた。これに対して、日本政府は謝罪や賠償に応じないかわりに、「女性のためのアジア平和国民基金」を設立し、被害女性に一人あたり200万円の「償い金」を国家予算ではなく、国民の募金から支払うことを1995年に発表した。

フィリピンでは1992年にマリア・ロサ・ルナ・ヘンソンさんが自らの被害体験[7]を公表したのをきっかけに、翌1993年から1994年にかけて計46名のフィリピン女性たちが東京地方裁判所にフィリピン「従軍慰安婦」補償請求裁判を起こしていた。こうしたなか、フィリピンの元慰安婦が自分の被害体験を語るラジオ放送を偶然聞いていたマパニケ村の男性が、1996年8月にラジオ局を訪れ、自分の父親も日本軍によって殺され、母親や姉妹たちも辱めを受けたという通報をした。これを契機に、現地のNGOであるASCENT（女性の人権アジアセンター）がマパニケ村の戦争被害に関するインタビュー調査を開始し、次第に被害状況が明らかになっていった。と同時に、戦争被害にあったロラたちも次第に自分たちの体験を語りだし、ASCENTの後押しもあって戦争被害を受けたマパニケ村の95名のロラたちが「マラヤ・ロラズ」を1997年に結成し、正義を求める活動を起こすようになった。

被害状況が次第に明らかになっていく一方で、日本軍が事件にかかわったという証拠はなかなか見つからなかった。こうしたなか、ASCENTからの連絡を受けた日本の関係者たちで形成された「『ノーモア・マパニケ』ネットワーク」が、1997年7月に防衛研究所図書館からマパニケ村に対する討伐命令に関する資料[8]を発見するとともに、この討伐命令を刊行した当時の戦車第二師団の作戦主任参謀河合重雄中佐から話を聞くことによって、真相が究明されていった[9]。

ロラたちの闘い

1990年代には、国際人権機関においても慰安婦問題に関する議論が活発化していった。国連人権委員会では、慰安婦問題に関する事実の解明、国際法の解釈などが議論され、その成果はさまざまな報告書にまとめられていった。こうした流れをうけ、国内のVAWW-NETジャパン[10]や日本キリスト教婦人矯風会などが、戦時中の犯罪に関する女性による民間法廷を開催することを、1998年ソウルで開催されたアジア女性連帯会議の場で提案し、「法廷」実行委員会が形成された。こうして、第二次世界大戦において旧日本軍が組織的に行ったレイプ、性奴隷制、人身売買、拷問といった性暴力の戦争犯罪に関して、昭和天皇を始めとする当時の政府高官9名を被告人として裁く女性国際戦犯法廷[11]が、2000年に東京で開催された。その目的は、「被害女性たちの尊厳を回復し、日本政府に戦争責任・戦後責任をとらせる手がかりとし、性奴隷制や強かんなどの戦時・性暴力が今後世界各地で繰り返されないよう、女性の人権が尊重される平和な新世紀を創ること」であった。

アジア各国から64名の元慰安婦、390名の関係者、多くの海外メディアを含む世界各国から1000名以上の参加者が出席して開催されたこの法廷では、アミカス・キュリエ（法廷助言人）方式によって3名の弁護士が被告側の利益を代弁する形で、2000年12月8日から12日にかけて争われた。この「法廷」の「裁判官」らによって宣告された「判決・認定の概要」は、「天皇裕仁及び日本国を、強姦及び性奴隷制度について、人道に対する罪で有罪」とした。マパニケ事件に関しては、翌年12月4日にオランダのハーグで発表された英文265ページにわたる「ハーグ最終判決」の中で、命令など個人としての責任は証拠不十分だが、「上官は知るべきであり、阻止すべきであった」として刑事責任は有罪という判決が下されている。もちろんこの女性国際戦犯法廷は、主催者が国家や国際機関ではないため法的拘束力をもたない。

これに対して、1990年代初頭より韓国や中国の元慰安婦たちによっておこされた、法的拘束力をもつ民事訴訟はいずれも原告が敗訴している。1993年から1994年にかけて提訴されたフィリピン人による訴訟も、1998年に東京地裁から請求棄却、2000年に東京高裁で請求棄却、そして2003年12月25日に最高裁で上告棄却・不受理決定という最終判決を受けている。いずれも時効や除斥期間の経過、大日本帝国憲法が定めていた「国家無答責の法理」[12)]、「個人を国際法の主体と認めない」といったことが理由である。

マパニケ村のロラたちは、女性国際戦犯法廷以外の上記の日本における訴訟の原告には加わっていなかったが、フィリピン国内で2004年に70名の元慰安婦のフィリピン女性たちとともに、当時のフィリピンの外務大臣たちを相手に、日本政府が国際法廷の場で公式謝罪し損害賠償を行うよう要求し、フィリピン政府もその立場を支持するよう求める訴訟をフィリピンの最高裁に対して行った。2010年5月の「外交問題であり司法の権限を越える」ことを理由に訴えを退ける最高裁判決後、裁判上の手続きのミスが発覚して審理の再開が議論されていたが、それも2012年に却下された。マパニケ村のロラたちを含む原告は、フィリピン議会に対して最高裁の判決を見直すように訴えかけているが（2012年9月現在）、それが認められる可能性は極めて低いという。

正義を求めて、1997年に95名のマパニケ村のロラたちが参加して立ち上がったマラヤ・ロラズであるが、2012年12月現在、そのメンバーは36名にまで減っている。残された時間や体力に限りがあるが、ロラたちは最後の最後まで正義を求めて闘い続けている。

第4章

ロラたちが語る戦争被害

マパニケ村で実施したフォトボイスのプロジェクトの中では、今もマパニケ村に残る戦争の爪痕を訪問するというフィールドワークを実施し、ロラたちは彼女たちが受けた戦争被害を、戦争被害の「現場」で村の若者たちに語り継いでいった。本章では、本プロジェクトに参加した5人のロラたちのうち、戦争被害について語ってくれた3人のロラたちの体験談から、あの日、マパニケ村で何が起こったのかを改めて明らかにしていく。

ロラAが語る戦争被害

1944年11月23日、私たちは耳を劈くような砲撃の音に叩き起こされました。日本兵たちが、マパニケ村を襲撃したのです。父を除く、私、母、そして私の姉弟は、厳しく照りつける太陽の下、小学校の校庭に連行されました。

どうしてこの時に父がいなかったかというと、父は反日本軍のゲリラの一員だと疑われて、この襲撃以前に、マパニケ村から約5キロのところにあるブラカン州のサンミゲルの日本軍の師団司令部（フォトボイス作品10 & 11参照）に、日本兵によって連行されていたのです。ここも、バハイ・ナ・プラと同じように、地主の屋敷だったのですが、当時日本軍によって占領され、師団司令部として使用されていたのです。父はゲリラの一員ではなかったにもかかわらず、ここで何日も拷問や尋問を受けたそうです。一旦は解放されたものの、父は結局日本軍によって殺されてしまいました。

一方、あの日小学校に連行された私たちは、恐怖と飢えや喉の渇きから、泣き叫んでいました。私たちが校庭に連行されて照りつける太陽の下で立って待たされている間に、日本兵たちは村のすべての家から彼らが気に入ったものを略奪して校庭に運んできました。そののち、奪ったものを私たち女性に担ぐように命じ、村からバハイ・ナ・プラまで運ばせたのです。田んぼの中を歩かされている私たちは、転ぶたびに日本兵から蹴り上げられました。思い出すのも恐ろしい体験でした。

私たちの多くは収入が全くありませんし、すでに体も弱ってきています。なので、日本政府に早く責任を取ってほしいと訴え続けています。私たちが最初にマラヤ・ロラズを組織した時には、90名以上のメンバーがいましたが、今（2009年11月時点）は57名しかいません。多くの者がすでにこの世を去っています。本当に一握りの者しか、正義を求めて活動する体力が残っていません。日本政府が一刻も早く私たちの訴えに耳を傾け、どんな形でもいいので私たちを救ってくれることを願っています。そのためにも、私たちは私たちの孫にあたるあなた方のサポートが必要だと思っています。私はもう年老いて、大したことはできないのです。

ロラBが語る戦争被害

カンダバ郡のバランカ村で小作農であった私の父と専業主婦であった母は、7人の子どもに恵まれました。私は、その最初の子どもとして1928年に生まれました。日本軍が最初にパンパンガ州に攻め入った1942年以降、私たちは不安な暮らしを送っていました。村に日本軍が攻めてくるという噂が流れるたびに、私たちは逃げ回ったり、身を潜めたりしていました。また、父親をカラバオ（水牛）の引っ張る荷車に載せて、背の高い草が生い茂る畑に隠したものでした。村に攻め入ってくるたび、日本兵たちは私たちの米、鶏、豚などをすべて奪い去っていきました。彼らが村に攻め入ってくる際には、私たちは身を潜めているので家には誰もおらず、彼らは好き放題のことをしたのです。

ある晩、突然誰かが我が家の戸を叩きました。誰が来たのか確認するために戸を開けた父は、そのまま外に引きずり出されました。翌朝になって、私たち家族は、父が日本軍のサンミゲルの師団司令部に連れていかれたことを知ったのです。その日から、私たちは毎日父に食料を届け続けました。そう、あの日までは。その日、食べ物を届けに行ったときは、父はもうそこにはいなかったのです。すでに殺されていました。父には2度と会えない……。これ以上悲しい日はありませんでした……。ただ11月23日までは、私自身が身体的に傷つけられるということはありませんでした。

あの日のこと

1944年11月23日、私の人生の中でもっとも恐ろしい出来事が起こりました。当時、私はまだ16歳でした。その日の早朝、私たち爆撃音でたたき起こされました。竹林や水田の中に身を隠すためにみな必死に逃げ惑う混乱の中で、私は家族と離ればなれになってしまいました。爆撃音が鳴りやむと同時に一人取り残された事実に気づいた私は必死に家族を探そうとしたのですが､すぐに日本兵たちにつかまり、他の村の住人たちも集められていた小学校の校庭に連れていかれました。

校庭の片隅に集められ女性たちは、太陽の照りつける中、空腹と喉の渇きに耐えながら、校舎の前で縄で縛り上げられた男性たちが拷問を受けたのち殺されるのを、身動きをせず何時間も目撃させられたのです。午後になると、私たちの家を焼き払った日本兵たちは、奪った荷物を私たちにバハイ・ナ・プラまで運ぶように命じたのです。肩に荷物を乗せて運ぶ私を常に二人の日本兵が監視していて、少しでも私が立ち止まろうものならば、彼らは銃剣を私に向けたのです。私は怖くて、怖くてたまりませんでした。

私たちがバハイ・ナ・プラにやっと辿りついたとき、あたりは薄暗くなっていました。二人の日本兵が私の腕をとり、お屋敷の１階の右側にある部屋に連れて行ったのです。私は、そこで殺されると思いました。

その部屋で、一人の日本兵が私の両肩を床の上に抑えつけました。すると、銃剣を持っている日本兵が、その銃剣を私のお腹のあたりに近づけてきました。私が刺されて殺されると思った瞬間、その日本兵は私の服と下着をその銃剣で切り裂いたのです。すると、今度は私を押さえつけている日本兵が覆いかぶさってきて、無理やり私の足を押し広げると同時に、彼の男性器を私に握らせようとしました。私が恐ろしさのあまり握るのを拒否すると、今度は私の膣にそれを押し込んできました。私の体の内側に燃えるような痛みが走り、私は叫び声を上げました。その瞬間、私は気を失ったのだと思います。なぜなら、次に覚えているのは、服を着ようとしていた日本兵の姿だからです。

私はその部屋で、一晩を過ごしました。その部屋には、他にも私と同じように連れてこられた女の子がいたと思います。彼女たちの鳴き声や、日本兵の笑い声が一晩中聞こえていたのですが、私は恐ろしさのあまりその声の方を見ることはできませんでした。

その晩、私は何度、辱めを受けたのか覚えていません。ただ、その後も長い年月、帽子を被った日本兵によって辱めをうける悪夢に苦しめられました。

解放されて

翌朝私は解放されましたが、フラフラのまま家族がどこにいるかもわからず彷徨いました。村の方角に向かって歩き出したのですが、村に辿りつく前に、近くの村の男性と出会い、その人に私の家族を探し出してもらうように頼みました。

私は彼の家に連れていかれ、そこで彼の妻が出してくれた食事を食べたのですが、食べ終わった私はすべて嘔吐してしまいました。その妻は、ぼろぼろの私の服をみて、彼女のブラウスとスカートを私にくれました。

私は再び歩き出して、自分の家のあった場所に辿りついたとき、そこには何もありませんでした。ただ、幸いなことに、そこで私の14歳の弟と出会うことができたのです。私がすでに死んでいるものだと思っていてた弟は、泣いて喜び、深い草の茂みに隠れていた私の家族の元に連れて行ってくれました。自分が受けた恐ろしい体験を家族に伝えると、家族は皆、私を慰めてくれようとしました。

しかし、あの出来事以来、私は何か悲しい出来事や怖い出来事を経験すると気を失うようになり、それは今も続いています。

マラヤ・ロラズとの出会い

マラヤ・ロラズについては、義理の妹から聞きました。最初は恥ずかしさから、参加するのを躊躇していました。私の子どもや孫たちも、私が公の場で自分の経験を話すことを快く思っていませんでした。しかし、次第に、私たちが戦時中に体験した恐ろしい出来事は、決して繰り返されてはいけないと強く思うようになってきたのです。どうして、被害者である私が恥じなければいけないのか、と思うようになったのです。

私たちは、単に私たち自身が受けた被害に対する賠償金を求める権利を主張しているだけです。正義を求めているだけなのです。

ロラDの語る戦争被害

襲撃直前

1944年11月23日のマパニケ村襲撃の10日ほど前、家で飼っているカラバオ（水牛）のために草を刈っていた私の父と兄は、日本兵によって捉えられ、サンミゲルにある日本軍の師団司令部につれて行かれたのです。当時、そこには、この地域の反日本軍のゲリラたちが監禁されていました。そこでは、ほとんどの囚人たちが「水責め」という拷問を受けたそうです。水責めとは、尋問中に、手足を縛り、布をかけた顔に繰り返し水をかけて、故意に溺死さすような状態にするのです。

私の兄も、強制的にゲリラのメンバーであると認めさせられた一人でした。彼は、歯が抜けるまで殴られたり、肩が抜けて変形するまで過剰な暴力を振るわれました。なぜなら、彼は日本軍に拘束された際に、我が家で飼っていたカラバオ（水牛）の餌である草を刈るための鋭い鎌を持っていたので、ゲリラのメンバーと見なされたです。私の父も縄できつく締め上げられ、腕や足が腫れ上がったそうです。

彼らが受けた苦難や恐怖は、私たちにとても忘れられないくらい大きな精神的苦痛を与えました。このように、日本兵たちは第二次大戦中に一般市民である私たちにも多くの苦しみを残していったのです。

バハイ・ナ・プラまでの道のり

あの日、私はまだ13歳の少女でした。日本兵たちは、家から奪った物を私たちに担がせ、小学校からバハイ・ナ・プラまで運ばせました。早朝の砲撃によってたたき起こされた私たちは、朝食も昼食も食べることができなかったうえ、喉の渇きを癒す一滴の水さえ飲むことを許されませんでした。空腹と喉の渇きに苦しむのに加え、殺されるのではないかという恐怖に怯えながら、私たちは重い荷物を運ばされたのです。

私は鶏の卵でいっぱいの籠を運ばされていました。バハイ・ナ・プラまでのぬかるんだ道に足を取れて転びそうになったとき、私は膝から地面に落ちるようにしました。もし籠の中の卵を割ってしまうと、日本兵たちに暴力をふるわれるのではないかという恐怖からそうしたのです。重い荷物を担いで何度も転びながらも、私は空腹に耐えながら歩き続けました。後で私たちも殺されるのではないかと思い、ビクビクしながら歩いていたのを覚えています。私たちは日本兵に対して何も悪いことをしていないのに、どうして彼らは、私たちをひどい目にあわるのかということを何度も心の中で問い続けました。

どうして彼らが私たちにそのような残虐な行為をしたのか、今も私たちは日本政府に対して尋ね続けています。私たちの多くがどんどん亡くなってしまっているので、日本政府は早く責任を取るべきなのです。少なくとも、私たちすべてが亡くなってしまう前に、正義が達成されることを願っています。正義が達成される前に、私たち全員がこの世からいなくなってしまうことを、彼らは願っているのでしょうか？　私たちが求める正義とは、日本が私たちにしたことに対して正式に謝罪することなのです。

第5章

歌が訴えかける戦争被害

マラヤ・ロラズは、正義を求める活動のなかで、戦争被害にあった自分たちの経験を訴える「マラヤ・ロラズの歌（Malaya Lolas Song）」を歌うことがある。この歌は、もともとこの地方に伝わるフォークソングのメロディーに、マラヤ・ロラズの3人のメンバーが中心となって以下に紹介する歌詞をつけたという。ロラたちの1944年11月23日の体験から今日のマラヤ・ロラズの正義を求める活動までを、切々と訴えかける歌詞となっている。

もともとは、この地域に新しい教会の建物を建てるためのファンドレイジングのために作ったものだそうだが、現在では多くの人たちにマパニケ村の戦争被害を知ってもらうために、村に訪問者があった際、集会時、あるいは組織としてのイベント参加の際に歌うそうである（写真3参照）。

この歌を歌うとき、多くのロラたちは悲惨なマパニケ村の過去を思い出すかのように、目をつむる。結婚後に過去を知った夫から拒絶され続けたロラのことを思い出して、歌いながら涙が止まらないと語ってくれたロラもいた。ロラたちは一様に、この歌を歌うときには昔を思い出して「気絶しそうになる」、「胸が痛くなる」、「できれば歌いたくない気持ちになる」そうであるが、それでも正義を求めるために、彼女たちはこの「マラヤ・ロラズの歌」を今日も歌い続けているのである。

「マラヤ・ロラズの歌」[13]

マラヤ・ロラズは、
フィリピン・カンダバ郡のパンパンガの女性たちによって
結成された。
私たちが日本人から受けた苦しみは、
何ものにも代えがたいほど残酷なものであった。

私たちの人生が始まった小さな村で、
悲しみの物語は紡ぎだされた。
この村の女性たちは恐怖におののき、
悪魔たちの晩餐によって私たちの純潔は奪われた。

あの日、罪のない村人たちは虐殺され、
村は、ほぼ全滅させられた。
村人たちは略奪の対象となり、
一瞬にして破壊されてしまったのである。

私たちは、苦い果実のような経験を
日本兵たちによって背負わされた。
それはある朝だった。
突然、大砲とマシンガンの鈍い音が響き渡ったのである。

村の全ての男性たちは捕えられ、
縄できつく縛りあげられた。
日本兵から銃口を向けられた男性たちは、
誰一人として生き延びることはできなかった。

男性たちの死体は学校に投げ入れられ、
炎の渦に飲み込まれた。
彼らの仕打ちは終わったかのように思えたが、
肉欲の塊である敵たちの次の標的は、私たちだった。

彼らは、隠れていた私たちを引きずり出し、
村から奪ったものを、「赤い家」まで運ぶよう命じた。
私たちは、奴隷として監禁されたその場所で、
最も耐えがたい苦しみを味わわされることになる。

赤い家に着いたとき、そこは牢獄になった。
わずかな憐みを乞い、私たちは泣きわめき懇願した。
だが彼らの野蛮な心は、ただ満足だけを渇望しており、
14 歳の私たちの体は罪と共に汚された。

日本兵によるその残忍な行為は、
繰り返し行われた。
汚れを知らない私たちの体は、
敵に犯され、ボロボロにされた。

欲望を満たした彼らから解放された私たちは、
弱り果て、苦痛の中で息も絶え絶えであった。
その残虐な行為を受けた日から今日まで、
私たちの体は汚されたまま、心は悲しみに暮れたまま。

苦しみの連鎖は続いていく。
解放された私たちには、何も残されていなかった。
着るものも、住むところも、食べ物さえも。
そう、彼らは全てを奪ったのだ。

こうした苦難を乗り越えるため、私たちは団結した。
年老いた私たちは、お互いに助け合うことを誓ったのである。
私たちが苦しみ続けたこの上ない悪事に対する正義、
私たちはそれだけを求めている。

私たちマラヤ・ロラズは、年を重ねてだんだん弱ってきている。
若々しさは奪われ、骨もきしむようになってきた。
支援なしには、安寧を手に入れることはできないであろう。
私たちはさらに弱り、間もなく天寿を全うしようとしている。

政府からの支援を求め、
私たちは最後の訴えをさけぶ。
私たちのために声をあげ、正義が達成されるように。
悪魔のひどい仕打ちによって奪い取られた、私たちの人間としての尊厳を取り戻せるように。

写真3：2010年11月23日の追悼のイベントで
「マラヤ・ロラズの歌」を歌うロラたち

第3部

フォトボイスによるエンパワメントとアドボカシー

第1部で触れたように、筆者が初めてマパニケ村を訪れたのは、あの襲撃からちょうど64年が過ぎた2008年11日23日であった。マパニケ村のロラたちは、毎年11月23日に襲撃の犠牲者を弔い、今後のマラヤ・ロラズの活動について話し合いを行っているのだが、私もこの集会に参加させてもらった。その際に、「現場」の一つである小学校にある慰霊碑に関して無頓着な村の小学生と出会ったことをきっかけに、ロラたちから村の若者たちに戦争被害を語り継いでもらうとともに、プロジェクトの成果である写真（フォト）と語り（ボイス）を活用して、将来ロラたちと共に村の若者たちが協働してアドボカシー活動を展開してもらうことを期待して、「フォトボイス」という写真を用いた参加型アクションリサーチを2009年10月から11月にかけて実施した。さらに、このフォトボイスのプロセスを通して、参加者であるロラたちと若者たちがエンパワーされていくことも、この研究の重要な目的の一つであった。

この第3部では、このフォトボイスという手法の解説に加えて、マパニケ村でロラたちと若者で行ったフォトボイスのプロセス、そしてその成果である写真を用いての戦争の語り継ぎ、参加者のエンパワメント、そしてアドボカシー活動について詳細に見ていく。

第6章

フォトボイスの概要

今回のマパニケ村のフィールドワークで用いたフォトボイスは、参加者自らが撮影する写真（フォト）とその写真に関する撮影者の語り（ボイス）からなる作品を通して当事者の声を社会に訴え、問題解決のためのアクションを促す参加型アクションリサーチである。ここでは、その定義と目的、その特徴、活用範囲、そして理論的背景に関して説明する。

フォトボイスのルーツとその目的

フォトボイスには、2つのルーツがある。1つは米国で、1990年代に当時ミシガン大学の教授であったWangら（Wang, 1999; Wang & Burris, 1994 & 1997）が、特に公衆衛生の分野の実践研究や政策研究の手法としてPhotovoiceを開発・普及していった。もともとはphoto novella（フォト・ノベラ＝写真小説）と呼ばれていたが、語学や識字教育の中で同名の写真を用いた教育法があることから、1996年頃から名前を現在のPhotovoiceに変更した。もう1つルーツである英国では、やはり1990年代にBlackmanとFaireyらが（Blackman, 2007）が、人類学の研究の中でWangらとは全く別に同じような技法を開発した。その後2003年に、PhotoVoiceという非営利組織をロンドンに立ち上げ、抑圧された人たちの生計支援活動やアドボカシー活動に主眼をおいて活動している。

Wang ら（Wang, Yuan, & Feng, 1996）は、フォトボイスを「写真という手法を用いてコミュニティを認識し、表現し、向上していくプロセス」（p. 47）と定義し、カメラを人々に手渡すことによって当事者自身がコミュニティの記録者としての役割を担い、作品を通してコミュニティに関する認識や洞察を深め、共有することから自主的なコミュニティの改善活動を促進する参加型の手法だとしている（Wang & Burris, 1997）。一方、Blackman（2007）も「写真撮影のトレーニングを提供し、参加者がアドボカシー活動を行い、自分たちの生活の質を向上することによって、周縁化されたコミュニティやマイノリティのコミュニティにポジティブな変革を起こすことを目指すもの」（p. 8）としており、ほぼ同じような定義となっている。

一方、Photovoice の目的に関しては、Wang ら（Wang＆Rodwood-Jones, 2001）は以下の３つをあげている。

1） 参加者に、コミュニティの強さと課題を記録し、考察してもらう機会の提供
2） 写真に関するグループでのディスカッションを通して、個人的そしてコミュニティの課題に関する批判的な対話や知識の創造を促進
3） 政策立案者に対するロビー活動

これに対して、Blackman（2007）は以下の３つを PhotoVoice の目的としてあげている。

1） 聞こえない（意見を聞いてもらえない）人たちの声を社会に届ける機会の提供
2） 自己の成長を促す治療的な効果
3） 生計手段の提供

どちらも最終目的は、エンパワメント、アドボカシー、社会変革であるが、Photovoiceがややアカデミックな部分や政策提言に重きを置くのに対して、PhotoVoiceのほうがより実践中心なのがわかる。

写真を活用することのメリット

フォトボイスは、「写真」を用いた参加型アクションリサーチである。しかし、近年のコンピュータや動画編集の技術向上により、写真という静止画像ではなくビデオカメラを活用した動画も、以前と比較すると飛躍的に身近で簡単に活用できる時代となっている。こうした状況にもかかわらず、なぜフォトボイスでは動画ではなく「写真」を用いるのであろうか。Blackman（2007）は、写真を活用することの利点を以下のようにまとめている。

◇ 静止画像のインパクトの強さ（印象が長持ち）
◇ 他の表現方法よりもシンプルな手法
◇ 年齢、文化、技術レベルにかかわらず参加が可能
◇ 技術的進歩（デジタル化）により誰でも撮影者として、また閲覧者として簡単に参加可能
◇ 多様な手法で展示することが可能
◇ 動画などと比較して安価

フォトボイスではこうした写真の利点を活用しつつ、研究者や専門家ではなく当事者の手にカメラを渡すということで、以下のような利点があるとされている（Wang & Burris, 1997）。

◇ 普段、影響力を持たない人たちの視点からの世界観を知ることができる

◇ 社会の中のもっとも脆弱な人たちや、読み書きできない人たちでも、(使い捨て) カメラの使い方さえ習得できれば参加可能
◇ 参加者各自が好きな場所で自由に撮影できるので、さまざまな社会的状況や行動的状況の情報収集が可能
◇ カメラや写真は多くの人にとって魅力的なものなので、多くの人の「参加」を促すことが可能
◇ 写真をとることによって、被写体の人からコミュニティの情報を撮影者自身が学ぶことが可能
◇ 写真を被写体や知人に渡すことによって感謝され、人間関係を深めることが可能
◇ コミュニティの課題だけでなく、資源も明らかにすることが可能
◇ 写真を用いた議論のなかで、課題の優先順位づけや解決法の話し合いが促進され、ソーシャルアクションを喚起

フォトボイスの活用事例

1990年代に開発されて以来、フォトボイスは、公衆衛生や健康保健 (Wang& Burris, 1994; Catalani & Minkler, 2010) の分野にとどまらず、ソーシャルワーク (Molloy, 2007; Wilson et al., 2007)、社会開発 (Purcell, 2007)、コミュニティ心理学 (Nowell, Berkowitz, Deacon, & Foster-Fisher, 2006)、そして社会学 (Booth & Booth, 2003) といったさまざまな分野で活用されている。

フォトボイスが活用される対象やプロジェクトの最終目的に関しても、ホームレスによるコミュニティアクション (Wang, Cash, & Powers, 2000)、若者による地域のニーズ評価 (Strack, Magill, & McDonagh, 2004) や地域改善活動 (Takeda, 2011)、母子保健のニーズ評価 (Wang & Pies, 2004)、途上国における政策提言 (Lykes,

Balanche, & Hamber, 2003)、中国の田舎の村での女性によるソーシャルアクション（Wang& Burris, 1994）といったように多様である。国内ではまだまだ活用例が少ないが、住民主体の地域のニーズアセスメントに用いた研究（岡村・金城 , 2002）や、医療教育の中での学生自身の学びの深化を目的とした研究（道信ほか , 2010）がある。

このようにフォトボイスは、対象グループやコミュニティに応じてニーズアセスメント、資源マップ作成、評価、ソーシャルアクションなどさまざまな目的で用いられている。アドボカシーが有効な状況もあれば、エンパワメントが有効な状況もあり、対象グループやコミュニティのニーズや課題に応じて柔軟に活用されている。多くの場合、フォトボイスは写真をベースにした話し合いとそこから生み出される協働のアクションを通して参加者のエンパワメントが達成されるが、状況的に緊急のアクションが必要な場合、対象者が子どもの場合、参加者自身がそうしたアドボカシー活動にかかわるのが難しい場合などには、調査者や外部の支援者などが中心となって、フォトボイスのプロセスで集めた情報や成果である写真を活用してアドボカシー活動を展開することもある（Carlson, Engebretson, & Chamberlain, 2006)。また、政策立案者側が建設的な批判や革新的な提案を受け入れる姿勢がなければ、実際に政策に影響を与えることは難しい。そうした場合には、フォトボイスの焦点は、より参加者の批判的意識化[14]や自主解決的なアクションの促進が中心となる（Wang& Burris, 1994）。

フォトボイスの理論的背景

フォトボイスの理論的なベースは、批判的意識化のための教育（education for critical consciousness)、フェミニスト理論、ドキュメンタリー写真とされている（Wang& Burris, 1994)。

批判的意識化のための教育

「批判的意識化のための教育」とは、ブラジルの教育者のPaulo Freireが唱える民衆教育の中から生まれてきたものであり、その主要な目的は共通の関心事への民衆の批判的意識化を高めることである。批判的意識化を図ることで、自分たちの歴史的・社会的状況の現状に疑問を持つことが可能となり、変化を起こすことが可能となる（Freire, 1970）。

Freireによると、意識化には以下の3つのレベルがあるとされている（Carlson, et al., 2006）。

① マジカルレベル：伝承された劣等感に捉われ、現状維持を黙って受け入れる文化の中で生活。自分たちの無力感や消極的な受け入れが自分たちの抑圧を助長。

② ナイーブレベル：社会的な状況を仕方がないが不正なものと認識。しかし、不平等を分析したり訴えるよりも、自分たちの生活の社会的現実の責任を仲間に押し付けるなど、横への暴力的行動として表現。

③ 最高のレベル：自分の考えや見方が現実の認識を形づけることを理解。現実を変えるか、維持するかは自分自身のチョイスであることを自覚。

つまり、「最高のレベル」のように社会的現実は個人の選択の結果であるという見方を身につけることにより、個人の責任や参加への行動といった態度の変化を引き起こすのが批判的意識化だといえる。

この批判的意識化の考えに基づき、フォトボイスではファシリテーター[15]がコミュニティの人びとによって表現される画像イメージを用いて参加者間に対話を促し、その中で自分たちの生活に影響を与える社会的・政治的現実を批判的に検証していく（Molly, 2007）。つまり、フォトボイスのプロセスを通して情緒的な反応が引き起こされるとともに、文化的規範に根付いた前提を疑うことにより認知的な変化も引き起こされ、マジカルレベルから最高のレベルへと批判的意識化のレベルを上げることが可能となる。

フェミニスト理論

フェミニスト理論は、すべての人の主観的経験を認識・尊重し、そうすることによって平等なパワーの分配を目指すものである（Molly, 2007）。このフェミニスト理論に基づくフェミニスト調査（inquiry）は、女性のエンパワメントを目的に、女性の知識と経験に価値を置き、女性を研究対象としてみるのではなく、女性によって、あるいは女性とともに調査していくものである（Wang& Burris, 1994）。つまり、フェミニスト調査では女性をその人の生活の権威者としてみなし、女性に関する知識を自ら構築していく知識創造のプロセスのなかで、当人たちがエンパワーされていくと考える。

フォトボイスは、こうしたフェミニスト理論の理念に基づいて、イメージと対話を通して普段は声を上げられなかったり、意思決定に参加できない人たちに自分たち自身の声と視点を認識させ、コミュニティの抱える課題を自分たちの間で共有するとともに、社会に対して訴えていくプロセスを通してエンパワメントを目指す（Wang& Burris, 1994）。

ドキュメンタリー写真

ドキュメンタリー写真は、画像イメージを用いて、暴力、孤立、貧困、社会的差別などを記録するものであり、政治的、社会的、経済的に抑圧された人々の現実を表現するのに用いられてきた（Wang et al., 1996）。しかし、ドキュメンタリー写真は、写真家の視点による作品であり、いくら画像イメージによるインパクトが強くても、そのメッセージ内容は当事者のものと異なる可能性があり、結果的に被写体となっている人たちは何も得られないばかりか、かえって状況を悪化させることもありうる。

フォトボイスは、こうしたドキュメンタリー写真のもつ画像イメージの影響力を活用しつつも、当事者たちを可視化するだけでなく、当事者自身に自分たちの現実を表現するプロセスにかかわってもらうことで真のメッセージが適切に伝わるようにするとともに、当事者たちのソーシャルアクションを引き起こそうとする（Wang& Burris, 1994）。

第7章

本プロジェクトの目的

マパニケ村の戦争被害の事実確認に関しては、第2部で説明したように、すでにこれまでにNGOや女性国際戦犯法廷の関係者がロラたちのインタビューや資料を通して明らかにしている。そこで、本研究では、参加型アクションリサーチであるフォトボイスを実施することにより、以下のことを達成することを目的とした。

① 村の若者たちがマパニケ村の悲劇をロラたちから学ぶ機会の提供
② 制作される写真作品を用いた写真展を通して社会に対するアドボカシー活動を展開
③ マパニケ村の悲劇に関する若者たちのアクションの促進
④ 参加者個人およびコミュニティ全体のエンパワメントの達成

村の若者たちがマパニケ村の悲劇をロラたちから学ぶ機会の提供

本プロジェクトの第一の目的は、フォトボイスのワークショップを通じて、これまでロラたちにとっては「伝えたくても伝えられなかった」、村の若者たちにとっては「尋ねたくても尋ねられなかった」、ロラたちが体験したマパニケ村の戦争被害を、ロラたちから若者たちに伝えてもらうことである。そために、プロジェクトを実施するプロセスの中で、マパニケ村に今も残る戦争の爪痕の場所を、ロラたちと若者たちで実際にフィールドワークしてもらい、それぞれの場所で、ロラたちから若者たちに戦争被害を語ってもらうことが計画された。

制作される写真作品を用いた写真展を通して社会に対するアドボカシー活動を展開

フォトボイスでは、参加者が撮影した写真（フォト）に対して、撮影者自身がその写真に込められた想い、意図、メッセージを文章化する語り（ボイス）を作成することによって、フォトボイス作品を作成していく。今回のプロジェクトでは、マパニケ村に今も残る戦争の爪痕に関する作品を用いた写真展をフィリピン国内外で開催することによって、これまでマラヤ・ロラズが闘ってきた正義を求める活動の一助にしてもらうことも重要な目的である。村のロラや若者たちが写しだすマパニケ村の戦争被害を、写真展という形を通して、より多くの人たちに知ってもらうことによってアドボカシー活動を展開するのである。

マパニケ村の悲劇に関する若者たちのアクションの促進

ロラたちから村の戦争被害を学び、ロラたちと自分たちのフォトボイス作品の写真展を開催することによって、これまではロラたちだけが行ってきた正義を求めるマラヤ・ロラズの活動に、村の若者たちが少しでも関心をもち、実際にロラたちとともに活動に参加してもらえるようになることも、今回のプロジェクトの一つの狙いである。あと10年もすれば、マパニケ村の戦争被害を語ることのできるロラはいなくなってしまうであろう。しかし、その後も、人類がこのような過ちを繰り返さないために、誰かが村の歴史を語っていく必要がある。このプロジェクトを通して、参加した若者たちの何人かがそうした意思をもってくれることを期待して本研究は実施された。

参加者個人およびコミュニティ全体のエンパワメントの達成

このプロジェクトの最後の目的は、戦争被害を語り継ぎ、正義を求めて闘い続けるとともに、このフォトボイスのプロセスを通して、またその後のアドボカシー活動への参加を通して、ロラたちはもちろん、参加した村の若者たちがエンパワメントを達成することである。フォトボイスの中のグループワークで相互作用することに加え、写真を用いて自分の想いやメッセージを表現し受け入れられること、さらに写真展によって自分たちの作品を多くの人たちに見てもらえることによって、自己効力感が高まるとともに、コミュニティに対する愛着が高まることを目指した。

第8章

フォトボイスのプロセス

本章では、前章で紹介した本プロジェクトの目的を達成するために、マパニケ村で具体的にどのようにフォトボイスを活用したプロジェクトが実施されたかを説明する。今回のプロジェクトに参加したマパニケ村の人たちのプロフィールとともに、1か月半にわたるフォトボイスのワークショップの内容、そしてこのプロジェクトによる目的達成の度合いを確認する方法について述べていく。

参加者

マラヤ・ロラズを現在支援しているマニラのNGOカイサ・カ（Kaisa Ka）からのフォトボイスへの参加の呼びかけに対して、27名のマラヤ・ロラズのメンバーとその子や孫たちが参加の意思を示したが、最終的に5名のロラたちと、18名の若者（ロラたちの子ども1名と孫17名）の計23名がプロジェクトに最後まで参加した（表1参照）。

参加した若者の多くがロラたちの子ども世代ではなく、孫たちであった背景には、「1か月半の間毎週末に開催されるフォトボイスのワークショップに参加可能」という要件があったためである。表1の「親の職業」を見てみるとわかるように、マパニケ村の多くの人たちが運転手[16]や農業といった曜日に関係ない仕事に従事しており、仕事を持っている人たち（ロラたちの子ども世代）が参加しづらいことがわかる。これに対して、参加した若者たち18名のうち、11名が学生（専

表１：参加者23名のプロフィール

通し番号	参加者	性別	生年月日	プロジェクト時の年齢（２００９年11月末）	配偶者の有無	学歴	職業（希望の職業）	きょうだいの数	うち兄弟	うち姉妹	子どもの数	孫の数	父親の職業	母親の職業	海外で働く兄弟姉妹の数（国名）
1	ロラA	女性	1930.8.22	79	未亡人	戦争のため小学１年生で退学	無職	7	3	4	10	38			0
2	ロラB	女性	1928.7.28	81	未亡人	戦争のため小学校途中で退学	無職	6	1	5	6	32			0
3	ロラC	女性	1930.1.19	79	既婚	戦争のため小学校途中で退学	無職	10	8	2	10	35			0
4	ロラD	女性	1931.11.1	78	既婚	戦争のため小学６生で途中で退学	無職	3	1	2	12	41			1（日本）
5	ロラE	女性	1929.12.21	79	既婚	戦争のため小学校途中で退学	無職	9	4	5	9	31			1（日本）
6	孫A	女性	1995.5.26	14	未婚	高校３年生	（会計士）	13	4	9			運転手	主婦	0
7	孫B	女性	1997.10.5	12	未婚	小学６年生	（看護師）	13	4	9			運転手	主婦	0
8	孫C	女性	1995.5.30	14	未婚	高校３年生	（教師）	5	2	3			穀物取扱人	主婦	0
9	孫D	男性	1989.4.16	20	未婚	大学３年生	（コンピューター技師）	1	0	1			養豚業	主婦	1（不明）
10	孫E	女性	1989.11.18	20	未婚	高校卒業	無回答	5	4	1			無回答	無回答	無回答
11	孫F	女性	1995.12.14	13	未婚	高校２年生	（飲食業）	2	1	1			無回答	工場勤務	1（シンガポール）

通し番号	参加者	性別	生年月日	プロジェクト時の年齢（2009年11月末）	配偶者の有無	学歴	職業（希望の職業）	きょうだいの数	うち兄弟	うち姉妹	子どもの数	孫の数	父親の職業	母親の職業	海外で働く兄弟姉妹の数（国名）
12	孫G	女性	1988.12.25	20	未婚	高校卒業	無職（ホテル業）	3	1	2			不明	主婦	0
13	孫H	女性	1994.12.23	14	未婚	高校3年生	（料理人）	4	2	2			農業	主婦	無回答
14	孫I	男性	1985.3.13	24	既婚	大学卒業	カメラマン	5	3	2			塗装業	主婦	0
15	子どもA	男性	1982.3.30	27	未婚	経済的な理由で大学1年生で休学中	無職（カメラマン）	6	1	5			農業	料理人	無回答
16	孫J	女性	1996.4.11	13	未婚	高校2年生	（教師）	3	2	1			運転手	教員	無回答
17	孫K	女性	1993.4.20	16	未婚	経済的理由で高校1年生で休学	（看護師）	2	1	1			魚屋	主婦	0
18	孫L	女性	1990.12.31	18	未婚	教師との関係悪化により高校2年生で退学	無職（ホテル業）	13	4	9			運転手	主婦	0
19	孫M	女性	1992.3.30	17	未婚	高校4年生	（看護師）	7	3	4			運転手	主婦	0
20	孫N	女性	1995.12.23	13	未婚	高校2年生	（キャンビン・アテンダント）	7	3	4			運転手	主婦	0
21	孫O	女性	1989.9.2	20	未婚	経済的理由により高校を休学中	無職（サラリーマン）	2	2	0			穀物取扱人	主婦	0

通し番号	参加者	性別	生年月日	プロジェクト時の年齢（2009年11月末）	配偶者の有無	学歴	職業（希望の職業）	きょうだいの数	うち兄弟	うち姉妹	子どもの数	孫の数	父親の職業	母親の職業	海外で働く兄弟姉妹の数（国名）
22	孫P	男性	1991.2.17	18	未婚	専門学校	（セールスマン）	6	3	3			農業	主婦	1（日本）
23	孫Q	男性	1997.11.10	12	未婚	小学6年生	（建築士）	1	1	0			建設労働者	主婦	0

門学校含む）、無職が5名、残りがカメラマン1名、無回答1名となっており、ロラたちを含めて比較的週末に時間がとれる人たちであることがわかる。

性別で見てみると、唯一の子ども世代は男性であったが、17名の孫のうち女性が13名、男性が4名で、全体的には女性の方が多い。きょうだいの数（ロラたちの場合は、子どもや孫の数）をみればわかるように、マパニケ村の多くの家庭が多子家族であることがわかる。また、国の政策として海外への出稼ぎを奨励しているフィリピンらしく、家族のメンバーが海外に出稼ぎにいっている人も少なくなく、日本へ出稼ぎに来ているケースも確認できた。

方法

フォトボイスのためのワークショップのセッションは、2009年10月10日から11月14日までの土曜日と日曜日の午前午後に計9回実施された。表2は、各セッションの実施日と活動内容をまとめたものである。

表２：マパニケ村でのフォトボイスのプロセス

セッション	年月日（曜日）	活動内容
1	2009年10月10日（土）	アイスブレーク、フォトランゲージ、プリテスト*
2	2009年10月11日（日）	フォトランゲージ（続き）、写真・カメラの基礎
3	2009年10月17日（土）	試し撮りの振返り、撮影に関する技術指導、フォーカスグループインタビュー
4	2009年10月18日（日）	フォト・コラージュとフォト・エッセー作成
5	2009年10月24日（土）	フィールドワーク（語り継ぎ）・本番の撮影
6	2009年10月25日（日）	フィールドワーク・本番の撮影
7	2009年11月7日（土）	本番の撮影写真に関するディカッション・写真展用の写真の選定
8	2009年11月8日（日）	写真展の準備
9	2009年11月14日（土）	写真展の最終準備、修了式、フォーカスグループインタビュー、ポストテスト*

*プリテストとポストテストでは、「地域社会への態度尺度」（田中・藤本・植村、1978）と「ジョハリの窓」（Luft, 1982）を実施

セッション１

最初のセッションでは、冒頭に参加者たちに対して筆者が本プロジェクトの目的を明確にするとともに、参加者に対する謝辞と期待が伝えられた。また、カイサ・カのスタッフと本プロジェクトのファシリテーター・チーム[17]からの挨拶に続いては、マラヤ・ロラズのリーダーであるロラ・リタの挨拶が行われた。この中では、「マラヤ・ロラズがこれまで外部の人たちからの支援を受けて続けてきた活動を、村の若者たちにも引き継いでいってもらいたいこと」や「このフォトボイスのワークショップを通じて学んだ知識を実践にしっかりと活かしてほしいこと」が参加者に伝えられた。特に、このプロジェクトを通じてロラたちの体験や村の歴史を語り継いでいく役割を、村の若者たちが将来担っていけるようになることを、マラヤ・ロラズが期待していると強調された。こうした挨拶につづいて、これからの１か月半のワークショップをこのメンバーで行っていく準備として、アイスブレーク[18]

とチームワークの形成のアクティビティが行われ、午前中のセッションは終了した。

午後は、再びアイスブレークから始めて、さまざまなコミュニケーション手段や表現方法についての簡単な説明がなされた後に、「写真」というコミュニケーション手段の持つ表現方法についての話し合いがもたれた。そして、写真の持つ表現力を実感してもらうために、フォトランゲージ（Gonzales, 1981）という既存の写真を用いたアクティビティが行われた。これは、床に並べられたさまざまな物体、風景、人などの多数の写真の中から、各参加者が自分をもっとも表現していると思う作品、家族との思い出を表す作品、この村をもっとも表している作品など3枚を選び、小グループに分かれてどうしてその写真を選んだかを共有するというものである（写真4参照）。たとえば「この薪の写った写真は、生前に私のおじいちゃんがよく聞かせてくれたお話しを想い出させるので、選びました」、「この写真は、神様が常に私たちを導いて下さっていることを表していると思います」、「私は一筋の光が写っているこの作品を選びました。なぜなら、人生の中でぶつかる問題や困難を頑張って乗り越えなさいと、私たちに語りかけてくれているようだからです」といった参加者のコメントからもわかるように、単に写真に写ったものを説明するのではなく、写真が伝えようとするメッセージの多様性、あるいは写真に対するさまざまな解釈の存在に気づくことによって、写真のもつ表現力を学んでいった。さらに、グループごとに、メンバーが選択した写真を模造紙に貼り付けてコラージュを作成し、全体として何を表しているかを話し合う中で、参加者の写真を解釈する能力、写真を通して自分のメッセージを表現していく力を高めていった。

特徴的だったのは、こうしたワークの中で、若者たちは写真に写ってるものを、そのまま「男、子ども、木、田んぼ……」とストレートに表現していたのに対して、ロラたちは太陽を「希望」、光を「気づき」、有刺鉄線を「人生の中の困難」といったように表現していたことである。

セッション1の最後には、参加者の自分や村に対する現状の想いを確認するために、各参加者には後述する「地域社会への態度尺度」と「ジョハリの窓」という2つの尺度に回答してもらった。

写真4：フォトランゲージで意見を交換するロラと若者たち

セッション2

午前中はアイスブレークに続いて、セッション1の最後に各グループで作成したコラージュをお互いに発表し合った後、いよいよ本格的なカメラの使い方の練習に入っていった。今回のプロジェクトでは、デジタル・カメラや使い捨てのカメラではなく、フィルムカメラ[19]を使用したが、参加者のほとんどはフィルム・カメラを手にした経験がなく、カメラやフィルムの構造、基本的な使い方の講習が行われた。

午後からは、構図、アングル、被写体の選定など、写真の撮り方の講習の後、実際にフィルムカメラと36枚撮りのフィルムを各参加者に1セットずつ手渡して、実際にフィルムの入れ方や取り出し方、カメラの構え方や撮影の仕方を、12歳から19歳（グループ1）、20歳から27歳（グループ2）、そしてロラたち（グループ3）という年齢別のグループに分かれて練習した（写真5参照）。

写真５：カメラの構え方の練習をするロラ

そして次回までの課題として、マラヤ・ロラズの活動、マパニケ村の史跡、自分たちの日常生活や夢を表すものをテーマに写真を撮影することが告げられた。３日後の水曜日の晩までに各参加者からロラ・リタに届けられたフィルムは、セッション３までに現像された。

セッション３

アイスブレークにつづいてセッション１と２の振り返りの後、現像された写真が各参加者に配られ、前回と同様に年齢別の３グループに

写真6：自分の作品を紹介するロラ

分かれて作業を行った。それぞれのグループ内で自分がとった写真の中で一番気に入った作品をお互いに見せ合って、どうしてその作品が気に入っているかを話し合った（写真6参照）。さらに、グループ内でお互いのすべての写真を、「上手に撮れている写真」と「上手に撮れていない写真」に分けてもらい、「上手に撮れていない写真」からは、以下のような特徴が浮かび上がってきた。

◎　フラッシュやレンズが指やカメラのストラップで覆われてしまっている作品
◎　ぶれて撮影された作品
◎　被写体の一部がきれてしまっている作品
◎　露出不足・過度の作品

こうした特徴を基に、どうすれば上手な作品が撮影できるか技術的な指導が行われた。また、撮影する際には、写真を見てもらう相手に何を伝えたいか、何を見せたいかを考えてからシャッターを押すようにというアドバイスがなされた。

午後からは、年齢別のグループごとに、後述するフォーカス・グループ・インタビューが実施された。

セッション4

前日の振り返りのあと、フォト・コラージュとフォト・エッセーについての説明がなされた。フォト・コラージュとはある特定のテーマについて複数の写真を組み合わせて作成される作品であり、その作品を説明するためのタイトルと簡単な説明文がフォト・エッセーである（写真7参照）。このコラージュとエッセーづくりは、セッション1でもフォトランゲージを用いて行っているが、このセッション4では自分たちが撮影した写真を用いて行った。年齢別の3グループに加え、昨日のセッションを欠席した人たちだけで構成される第4のグループをつくり、それぞれのグループは一日かけて「村の若者たちの日常生

写真7：フォトコラージュを作成するロラたち

活」、「マラヤ・ロラズの日常」、「地域の収入源」、「地域の風景」というフォト・コラージュとフォト・エッセーを完成させたのち、お互いに共有した。こうしたワークを通じて、参加者たちはさらに写真の持つ魅力やメッセージ性、写真による表現方法、タイトルや説明文の効果について学んでいった。

セッションの最後には、カメラの扱い方や構え方、シャッターを押す前に何を伝えたいか考えることなどが再度確認され、次回のセッションに向けて36枚撮りのフィルムが新たに各参加者に手渡された。

セッション5

この日は、1日かけて参加者全員でフィールドワークが行われた。まずは戦時中に日本兵が師団司令部として占領していたサンミゲルにある屋敷を訪問したあと、ロラたちが辱めを受けたバハイ・ナ・プラ、そしてあの日ロラたちが辿った道順とは反対に、このバハイ・ナ・プラから虐殺された男性村民の慰霊碑がある小学校の校庭までの道のりをロラと若者たちが一緒に歩いたのである。今も戦争の爪痕が残るそれぞれの場所では、ロラたちから若者たちに当時の体験が伝えらえた(写真8および第2部の第4章参照)。また、それぞれの場所で、参加

写真8:バハイ・ナ・プラの中で自分たちの体験を若者たちに伝えるロラたち

者たちは思い思いの場面や物を撮影した。

セッション6

前日とは変わって、この日は参加者が各自でマパニケ村の中をフィールドワークして、本番用のフィルムの残りを撮影した。ファシリテーション・チームは、必要に応じて技術的なアドバイスを行った。この日の夕方には、本番用のフィルムが回収され、次回のセッションまでに現像された。

セッション7

現像された写真を受け取った参加者たちは、お互いの作品を紹介し合うとともに、写真展用にもっとも相応しい写真を自分以外のメンバーが撮影した作品から5つ選ぶという作業を行った。こうしてもっとも選択した人が多かった100枚が、写真展の作品として選出された(写真9参照)。この後、選ばれた作品の撮影者が、それぞれの写真に対してタイトルと語り（ボイス）を作成した。

写真9：写真展用の写真を選ぶ参加者たち

セッション8

前日に続き、この日も写真展の準備が行われた。それぞれの写真に対するタイトルと語りをお互いに確認し合うとともに、写真展用のフレームづくりや、写真の展示場所に関する打ち合わせが行われた（写真10参照)。

写真10：写真展用の作品を制作する若者たち

セッション9

フォトボイスのワークショップの最終日は、前回に続き、写真展の最終準備の続きが行われたのち、最後まで参加したメンバーに対して修了式が行われた。その後、今回の1か月半にわたるワークショップを通しての参加者のマパニケ村やマラヤ・ロラズに対する想いの変化や各自のエンパワメントの度合いを確認するために、ポスト・テストとフォーカス・グループ・インタビューが実施された。

データ収集方法

今回のプロジェクトでは、フォトボイス参加の前後で参加者のマラヤ・ロラズやマパニケ村に対する想いやエンパワメントの度合いがどのように変化したかを確認するため、「地域社会への態度尺度」、「ジョハリの窓」、そしてフォーカス・グループ・インタビュー（以下 FGI）という3つの手法を用いてデータを収集した。

「地域社会への態度尺度」（田中・藤本・植村、1978）は「いま住んでいる地域に、誇りとか愛着のようなものを感じている」、「この町を良くするための活動は、地元の熱心な人たちに任せておけばよい」など10項目（5件法）からなる計量的尺度で、各参加者のマパニケ村に対する帰属感の変化を確認するために用いられた。

これに対して「ジョハリの窓」は、「開放の窓（公開された自己）」、「盲点の窓（自分は気がついていないものの、他人からは見られている自己）」、「秘密の窓（隠された自己）」、そして「未知の窓（誰からもまだ知られていない自己」という4象限のモデルによって、対人関係に

図２：ジョハリの窓

おける自分自身の公開の程度を確認するものである（Luft, 1982）（図2参照）。

さらに、FGIでは、年齢別のグループに分かれて、それぞれのマパニケ村、マラヤ・ロラズ、村で起こった集団虐殺・レイプ事件に対する知識や想いに関するインタビューが行われた。若者のグループ1と2では「1944年11月24日の出来事についてどれくらい知っているか」、「この戦争被害についてもっと詳しく知りたいか？　どうして知りたいのか？　なぜ知りたくないのか？」、「今後、この戦争被害をマパニケ村はどうしていくべきだと思うのか？」などといったことが話し合われた。一方、ロラたちで構成されるグループ3では、「この地域のことをどう思うか？」、「マパニケ村の戦争被害をどう思うか？」、「家族とこの戦争被害について話し合うか？」、「マラヤ・ロラズの活動をどう思うか？」、「マパニケ村の将来をどう考えるか？」などといったことが話し合われた。

第９章

フォトボイスによる成果

このプロジェクトの目的は、「村の若者たちがマパニケ村の悲劇をロラたちから学ぶ」、「制作される写真作品を用いた写真展を通して社会に対するアドボカシー活動の展開」、「マパニケ村の悲劇に関する若者たちのアクションの促進」、「参加者個人およびコミュニティ全体のエンパワメントの達成」であった。本プロジェクトでは、戦争の爪痕が今も残る村の史跡をロラたちと村の若者たちが訪問してロラたちの体験を語り継いでもらったが、こうしたマパニケ村の戦争被害は、プロジェクトの成果である参加者たちが撮影した作品に写し出されている。そこで本章では、まず作品が映し出すマパニケ村の戦争被害を改めて分析していく。その後、エンパワメントや若者たちのアクションの促進といった、本プロジェクトによる参加者の変化を評価していく。なお、アドボカシー活動に関しては、第10章で詳細に説明する。

作品が写しだすマパニケ村の戦争被害

2009年11月27日から29日にかけてマパニケ村の小学校、12月2日から4日までマニラのフィリピン大学ディリマン校のそれぞれで写真展を開催するため、フォトボイスに最後まで参加した23名は、自分たちが撮影した写真の中から、写真展用の作品を選び、それぞれに語り（ボイス）を作成した。こうした写真展用の写真のうち、マパニケ村に残る戦争の爪痕およびマラヤ・ロラズに関するものは32点であった。これらの32作品は、大別すると「マパニケ村に残る戦争の爪痕（場所）」、「マパニケ村に残る戦争の爪痕（記憶）」、「ロラたちの想い（感情）」、「語り継ぎ」、そして「ロラたちの日常」に分けることができる（表3参照）。

表3：カテゴリー別写真展用のフォトボイスの写真（32作品）

カテゴリー	作品番号	タイトル
マパニケ村に残る戦争の爪痕（場所）	1	過去の爪痕
	2	バハイ・ナ・プラ：マパニケの史跡
	3	暴力的な過去への扉
	10	死刑執行人たちの棲家
	11	無言の目撃者
	13	これが私の道
	14	今も残る目撃者
	17	ここに眠る
マパニケ村に残る戦争の爪痕（記憶）	4	希望って本当にあるの?
	5	ロラたちの叫び1
	15	橋梁の過去
	25	時間の牢獄
	26	記憶に残されたもの
ロラたちの想い（感情）	18	希望は残されているの?
	19	ベッド、それとも最期の安息所?
	21	不確かな生活
	22	これが今のわたし
	27	ドリーム・ハウス
語り継ぎ	6	ロラたちの叫び2
	7	悲痛な過去
	8	悲痛な過去の覗き窓
	9	暗い過去への窓
	12	慣れ親しんだ畦道
	16	残されたものは思い出だけ
	20	これが私のストーリー
	23	過ぎ去った人生の1章
	24	これがロラのストーリー

カテゴリー	作品番号	タイトル
ロラたちの日常	28	まだできる
	29	愉しみ
	30	家庭料理
	31	よき話し相手
	32	ゆったりとした時間の流れ

作品群「マパニケ村に残る戦争の爪痕（場所）」

8作品が分類されたこの作品群には、村の男性たちが虐殺された小学校に祀られている慰霊碑を写した作品が2つ含まれている。「ここに眠る」と名付けられた写真の「戦時中、日本兵によって殺害された親戚や知人が眠る慰霊碑。虐殺が行われた場所から数メートルしか離れていない場所に立つこの慰霊碑は、私たちや祖父母たちが通った公立の小学校の敷地内にある」（孫M、17歳、女性）という語り（ボイス）からは、戦争の爪痕がマパニケ村の日常生活のすぐそばにあると実感していることがわかる。

一方、バハイ・ナ・プラを写した写真も2作品ある。「ロラたちが一昼夜強姦され続けた家」（孫I、24歳、男性）という語りの「バハイ・ナ・プラ：マパニケの史跡」と、「マラヤ・ロラズが汚され、強姦されたバハイ・ナ・プラの正面玄関」（子どもA、27歳、男性）という語りの「暴力的な過去への扉」である。

そのほかの4作品は、マパニケ村の近くにあり戦時中に旧日本軍の師団司令部として使用されていたサンミゲルの屋敷に関するもの2作品と、1944年11月23日にロラたちが小学校からバハイ・ナ・プラまで歩かされた畦道を写したもの2作品であった。

これらの作品群は、いずれも村の中に今も物理的に残る戦争被害を象徴する「場所」を捉えている。バハイ・ナ・プラもサンミゲルの師団司令部も村から車で数分の場所で、村民たちが毎日のように通る場所にある。さらに、ロラらたちがかつて歩かされた畦道も家の裏手の水田地帯の中にあり、慰霊碑も毎日通学していた小学校の裏にある。村の若者たちは、今までそれほど意識していなかった、あるいは意図的に意識しようとしていなかったかもしれないが、今回のプロジェクトを通して、参加者たちは戦争の爪痕が村の中の非常に身近な場所に残されていることを、改めて認識するようになった。

作品群「マパニケ村に残る戦争の爪痕（記憶）」

同じ戦争の爪痕でも、ロラたちの「辛い記憶」を題材とした作品は5つあった。これらの作品群には、すべてロラたちが写されている。しかもそこに写し出されているロラたちの表情は、どれもあの日の記憶を辿っているかのように思える作品ばかりである。マパニケ村に残る戦争の爪痕は、村の中の物理的な場所だけでなく、ロラたちの記憶の中に、忘れたくてもしっかりと刻み込まれていることを思い知らされる。

その中には、68年前に村からバハイ・ナ・プラまで歩かされた途中にある橋や、バハイ・ナ・プラなどで、過去の忌まわしい記憶を想い起こすロラを捉えた「希望って本当にあるの？」、「橋梁の過去」、「ロラたちの叫び1」、「記憶に残されたもの」といった作品があり、日常生活の節々で過去の記憶が蘇り苦しむロラたちが写し出されている。「時間の牢獄」と題された作品には、「正義をつかむまで、過去の辛い記憶という牢獄にまだ収容されているかのようなマラヤ・ロラズ」（ロラD、78歳、女性）という語りが付されており、まさにロラたちが未だに戦争の記憶に囚われている姿が写し出されている。

作品群「ロラたちの想い（感情）」

こうした過去の記憶と共に日々生活しているロラたちの感情や想いに焦点を当てた作品も5つある。高齢化がすすみマラヤ・ロラズのメンバーが次第に減少するなか、正義がなかなか達成されないことからくる不安感や焦燥感を表現する「不確かな生活」や「希望は残されているの？」といったタイトルの作品がある。「ベッド、それとも最期の安息所？」と題された作品には、「一人、また一人、マラヤ・ロラズは病気になり、衰弱していく。しかし、正義は遥か遠い彼方」（孫I、24歳、男性）という語りが添えられている。

一方、そうした状況にもかかわらず未だに正義を求め続けるロラたちの想いを写した作品もある。たとえば、「これが今のわたし」という作品の「第二次世界大戦から半世紀、多くのマラヤ・ロラズは弱り、病弱になっていく。それでも、彼女たちを苦しめた侵略者たちから正義を求め続けるため、ロラたちはありったけの体力と気力を奮い立たせて生活している」（ロラA、79歳、女性）という語りからは、正義をひたむきに追い求めるロラたちの姿が浮かんでくる。

正義をあきらめないロラたちの姿を作品を通して改めて認識することにより、村の若者たちの中にもマラヤ・ロラズの活動をサポートしたいという気持ちが芽生えはじめた。

作品群「語り継ぎ」

このプロジェクトの主要な目的の一つは、フォトボイスのプロセスを通して、ロラたちから村の若い世代にマパニケ村の戦争被害を伝承していくことであった。実際に、フォトボイスのセッションの中で、ロラたちが1944年11月23日に旧日本兵によって歩かされた小学校の慰霊碑からバハイ・ナ・プラまでの道のりを、ロラたちと若者が一緒に歩き、ロラたちから過去の経験を聞く機会が持たれた。こうしたマパニケ村の悲劇の「語り継ぎ」に焦点をあてた作品も9つ数えられた。

実際に、慰霊碑からバハイ・ナ・プラまでの道のりを一緒に歩いている場面を撮影した「慣れ親しんだ畦道」では、「旧日本軍の兵隊に焼かれた家から略奪された重い荷物を強制的に運ばされた畦道を、時間を遡ってロラたちと一緒に歩いた。まさにここが、村から彼女たちが強姦されたバハイ・ナ・プラまで辿った畦道である」（子どもA、

27歳、男性）という説明が付されている。

「過去の辛い経験を振り返ることで、あの恐ろしい日に本当は何があったのかを我々に伝えようとしてくれるロラ」（孫D、20歳、男性）を写した「悲痛な過去の覗き窓」や、「第二次世界大戦によって、威厳と青春を奪い取られた過去の痛みを語るロラたち」（孫D、20歳、男性）を写した「ロラたちの叫び2」など、バハイ・ナ・プラを舞台にした「語り継ぎ」の作品も4つを数えた。

小学校の慰霊碑で、ロラたちと若者が一緒に戦没者に祈りをささげている場面を写した「残されたものは思い出だけ」では、「私たちはマラヤ・ロラズが一生の愛を捧げ、そして日本兵に殺された、かつての伴侶が眠る墓前に彼女たちと訪れた。私たちは、この恐ろしい戦争の被害者たちに敬意と尊敬を払う」（孫I、24歳、男性）と、これまで慰霊碑に無関心だった村の若者たちの関心に変化が表れている。

また、ロラを被写体とした「これが私のストーリー」や「これがロラのストーリー」という作品からは、村の若者たちがこのフォトボイスを通して積極的に自分のロラから過去の経験を聞こうとしたことがうかがえる。さらに、ロラとその娘という親子を被写体とした作品「過ぎ去った人生の1章」では、「戦争で傷ついた母親（ロラ）と平和を享受するその娘。世代が異なるだけで、大きな価値観の違いが存在している」（ロラD、78歳、女性）と語りがあるように、村の中での世代間のコントラストが存在していることがわかる。

作品群「日常の中のロラ」

作品の中には、ここまで紹介してきたような戦争の被害者としてのロラたちの姿ではなく、「日常生活の中の身近なロラ」を写した作品も5つ選ばれている。たとえば、「よき話し相手」という作品では、「私たちが学校に行き、親たちが仕事で外出中、一日中ロラは自宅で独りぼっちである。ペットの猫がロラのよき話し相手になってくれる。ロラは、あたかも友人かのように猫に話しかけている」（孫G、21歳、女性）というロラの日常をとらえている。そのほかにも、「まだできる」という作品では身体に障害を持ちながらも家事を一生懸命こなそうとするロラの姿を、「愉しみ」ではロラが噛みタバコを楽しむ姿を、「家庭料理」ではロラが家族ための美味しい料理を作っている姿を、「ゆったりとした時間の流れ」ではのんびりとした生活を送っている姿を、それぞれ捉えている。こうした作品から、ロラたちが、普段は戦争の被害者ではなく、マパニケ村の村民としてまた家族の一員として村の中で受け入れられて生活している様子が伝わってくる。

フォトボイスによってもたらされた変化

本プロジェクトでは、フォトボイス参加による参加者の変化の度合いを、「地域社会への態度尺度」、「ジョハリの窓」、そしてフォーカス・グループ・インタビューという3つの手法を用いてプロセスの前後で情報を収集し、参加者各個人のエンパワメントの度合いや、コミュニティでの活動への態度の変化を確認した。

マパニケ村に対する態度の変化

「地域社会への態度尺度」には、最後までフォトボイスに参加したメンバー23名うち、ロラ4名、若者13名の計17名から、プロセスの前（プリテスト）と後（ポストテスト）の両方のデータを収集することができた。前後での尺度のスコアの比較をすると、サンプル数が4名と小さいため統計的に有意でないものの、プリテストで39.50であったロラたちの平均値はポストテストで42.50となり、マパニケ村の活動に対してこれまで以上に積極的にかかわろうという気持ちになっていることが確認された。

これに対して若者13名の点数は、プリテストもポストテストも平均が32.80と全く変化が確認できなかった。ロラたちと若者たちのスコアと比較してみると、プリテストとポストテストのいずれにおいても、統計的に有意[20]に、ロラたちのほうが村の問題に積極的に取り組もうという意識があることがわかる。年齢的なことに加え、もともとマラヤ・ロラズとして正義を求めて活動していたロラたちに比べれば、若者たちの村に対する帰属感が低いのは当然の結果と言えるであろう。フォトボイスに参加したロラが5名だったのに対して、若者の参加者は17名と多く、もともと参加意欲の弱いものも含まれていて、毎回のセッションへの参加度も若者のほうが低かった。実際、各若者のセッションへの参加度合いと、プロセス前後での「地域社会への態度尺度」の点数の変化の相関を見ると、参加度合いが高い若者ほどプロジェクトの前後で地域に対する意識が高くなっていることが統計的に有意に確認[21]できた。つまり、若者の中でも、問題に全く関心がないものにとっては、フォトボイスの効果がほとんどなかったが、これまでに「問題への関心」と「知ることへのためらいや恐れ」というアンビバレントな気持ち抱えていた若者たちは、プロセスを通してマパニケやロラに対する態度が前向きになったことが確認できた。

自己表現に関する変化

「ジョハリの窓」は、「開放の窓」、「秘密の窓」、「盲点の窓」、そして「未知の窓」という4象限によって対人関係における自分自身の公開の程度を表すものである（図2参照）。各参加者は「やさしい（mabait）」、「意気地なし（di matapang）」、「恥かしがり屋（mahiyain）」といった自分自身も周りの人も知っている自己を「開放の窓（公開された自己）」の象限（Ⅰ）に書き込む。一方、他の参加者はその象限のリストにない、その人の特徴を「盲点の窓（自分は気がついていないものの、他人からは見られている自己）」の象限（Ⅱ）に書き込む。さらに、どちらの象限にも位置しない「隠された自己」（秘密の自分）がいくつあるかを「秘密の窓」の事象（Ⅲ）に書き込むという作業を、プリテストとポストテストで行った。

その結果、ポストテストの段階で、「公開された自己」（自分自身も、周りの人も知っている自己）の象限にリストアップされている項目の数に関しては、全員で増加が確認できた。もちろん、プリテストの段階で「自分では気づいていないが、他人が気づいている自分」のカテゴリーに挙げられたことによって、参加者がそれまで自分で気づいていなかった自己に気づき、ポストテストで「公開された自己」の象限に追加したものも多くあった。その一方で、プリテストで周りの人から指摘されていなかったにもかかわらず、増えた項目も数多く確認できた。こうした中には、「怠け者（tamad）」、「短気（mainitin ang ulo）」、「やかましい（maingay）」といったフォトボイスの活動の中で気がついた自分の中の否定的な自己と、「勤勉（masipag）」、「頼れる（maasahan）」、「思いやり（magao intindi）」といった肯定的な自己の両方が含まれていた。これは、フォトボイスの中のさまざまなグループワークにおいて、次第に自分自身で今まで知らなかった自己を発見していったことの表れだと考えられる。

さらに、プリテストの段階で「隠された自己」にリストアップされていた「秘密の自己」の数が、ポストテストでは減っている人も少なくなかった。このことは、フォトボイスのグループワークを通して、参加者がそれまで隠していた自己を次第に周りに表出できるようになったこと、つまりエンパワーされたことの表れだと考えられるであろう。

戦争被害やロラたちに対する想いの変化

参加者に対するインタビューは、フォトボイスのセッションの3回目のプリテスト時、9回目のポストテスト時、そして写真展から8ヶ月後の2012年7月の計3回行われた。フォトボイスの前と後でのインタビュー内容を比較してみると、参加者たちの戦争被害に対する想い、ロラたちに対する想い、村に対する想いなどに変化がみられる。

「戦争被害について家庭内で話し合いますか？」という問いに、プリテストの段階でロラたちも孫たちも、以下のように語っている。

「家庭内では、めったにその（戦争被害）ことは話をしません。たとえ、誰かが尋ねてもあまり話をしません。なぜなら（そのことを話すのは）、非常に辛いから。」

「非常に辛いので、（そのことについては）話しません。」

「私の家ではほとんど触れません。」

このように家庭内で戦争被害について話し合わない一方で、私のような外部からの訪問者に対してや、マラヤ・ロラズとしての活動のなかでは、以前からロラたちは自分たちの経験を語ってきた。このことについて尋ねると、「他の人たち、特に外国人に対しては話しやすい。でも、家族には難しい」という答えが返ってきた。これは、ロラたちが戦後50年近く経って、ようやく正義のために辛い過去を語ることができるようになったものの、やはり自分の身内に対して辱めを受けた過去を語り継ぐことの難しさが伝わってくる。

こうした家庭内で語り継ぎが行われていない結果、「……私たち自身は事件の詳細については知らない」や「ほかの孫たちは、過去に何が実際に起こったかさえ知らない」の発言のように、プリテストの段階では村の若い世代がマパニケ村の戦争被害のことに関する詳細な知識をもっていないことが再確認できた。

これに対して「戦争被害の詳細について知りたいですか？」という質問に対しては、「いいえ、私はそのことは忘れて自分の将来のことを考えたい。私たちが過去のことを訴えても、きっと何も変わらないでしょう」や「私はもはや興味はないです。なぜなら過去はやり直せないから。過去を変えることは不可能です」といった、できれば過去のことを忘れて自分の将来を見据えたいという意見が、少数の若者から表出された。その一方で、以下のような前向きな意見も多く聞かれた。

> 「はい、このような戦争被害が２度と起こらないように、マラヤ・ロラズの話をもっと知りたい。日本の占領下にある時代に何が本当に起こったのか、私たちには知る権利があると思います。」

> 「私のロラに起こったことをはっきりとは知らないので、何が本当に起こったのか、詳細が知りたい。」

> 「この村の住民として、ロラたちに何があったのかを知りたい。私たちが知らなければ、次の世代に伝えていくことはできず、永遠に葬り去れてしまうから。」

こうした事件のことを積極的に知りたいという多くの発言にもかかわらず、実際にはこれまで自ら積極的に尋ねることを若者たちがしてこなかったのは、「家庭内での語り継ぎがない」や「事件の詳細を知らない」という前述の発言から明らかである。

また、ロラたちが受けた戦争被害に関するインタビューをまとめて出版された英文の本[22]が家庭にある若者に対して、その本を読んだことがあるかを尋ねると、「（本を）見かけたことはあるけど、読んだことはないです。（なぜ読まなかったのですか？）なんとなく怖かったから。いや怖いというよりも、なんとなく気が進まなかったので」という答えであった。

こうした若者たちの発言からもわかるように、ロラたちが若い世代に自分たちの経験を話しづらいのと同じように、若者たちもロラたちから話を聞いたり、事件の詳細を知りたい気持ちはあるものの、そのことに関しては知ることには何となく「ためらい」や「恐れ」があるというアンビバレントな気持ちを持ち合わせていることが理解できる。

こうしたお互いに話しづらい状況の中でフォトボイスが行われたのだが、プロジェクトへ参加した想いや感想をロラたちは以下のように語っている。

「私たちは自分の経験を表したかった。特に孫たちに学んでほしかった。」

「以前は自分たち胸の中だけに長年しまっておいたことだったので、（それを共有できて）よかった。子や孫とこうした過去を共有できたので、本当によかったと思います。」

「自由になった感じがしました。そして、孫たちに真実を知ってもらい間違った偏見や差別に負けないようになってほしいと思いました。自分たちの経験によって、孫たちが差別されてほしくありません。だからこそ、真実を孫たちに知ってもらいたかった。」

長年、若い世代に伝えたいと思いながらも伝えられなかったことを、フォトボイスを通して語り継げたことに満足している様子がみてとれる。

一方、以前はロラたちから事件の真実を聞くことをためらっていた若者たちも、以下の発言に見られるように、フォトボイスを通して事件の詳細について学べたこと、さらにロラや事件に対する見方が前向きになったことが見て取れる。

「今では、戦争中に私たちの祖父母たちが実際にどんな目にあったかの詳細な話を知っています。バハイ・ナ・プラなどの歴史的に重要な場所についても。」

「最初はロラたちをかわいそうだと思いました。彼女たちの経験は本当に悲しいことでした。でも、真実をすべて知った今は、ロラたちを誇りに思います。なぜなら、ロラたちは勇敢だと思うからです。ここまで耐えて生きてきたのだし。」

フォトボイスを通して、ロラたちが自分たちの経験の詳細を語り、若者たちがそれを前向きにとらえた結果、ロラの「今では、自由に孫たちに話をすることができます。特にフォトボイスに参加した孫たちとは」という発言からわかるように、家庭内での事件についての話し合いの状況が変化したことがわかる。

このように、フォトボイスがロラたちから若者たちへの戦争被害の語り継ぎ、若者たちのアクション促進、そしてロラたちや若者たちのエンパワメントに対して、一定の効果があったと言えるであろう。

第 10 章

写真展によるアドボカシー活動

本プロジェクトの目的は、フォトボイスを通して世代間の語り継ぎを通して村の若い世代が事件に関する知識を高め、エンパワメントが達成されることに加え、この残酷な戦争被害に対する正義を求めるためにプロジェクトの成果である作品を活用して写真展を開催し、アドボカシー活動を展開していくことであった。こうした目的で開催された写真展は、現在（2012 年 10 月）までに合計 6 回を数える。

最初の写真展は、2009 年 11 月 27 日から 29 日にかけて、戦争被害の「現場」でもあるマパニケ村の小学校で開催された。その翌週の同年 12 月 2 日から 4 日にかけては、フィリピンのメトロ・マニラのフィリピン大学ディリマン校で開催された（写真 11 参照）。こうしたフィリピンでの写真展を通して、多くのフィリピン人たちがマパニケ村での出来事を初めて知り、ロラたちの痛みを感じ、彼女たちの正義を求める活動に賛同を示した。

写真 11：フィリピン大学ディリマン校で開催された写真展の風景（2009 年 12 月 2-4 日）

フィリピン国内の写真展が本プロジェクトに参加したマパニケ村のロラたちと若者たち、そしてマラヤ・ロラズを支援してきた現地のNGOカイサ・カによって開催されたのに対し、日本国内での写真展は筆者と関西学院大学先端社会研究所、そしてこれまで慰安婦問題などに取り組んできた市民団体とが協力する形で開催された。日本国内の最初の写真展は、2011年6月20日から24日にかけて関西学院大学で開催された。その後、2012年4月18日から6月17日かけては東京のアクティブ・ミュージアム「女たちの戦争と平和資料館（wam）」（写真12参照）で、同年7月22日には同じく東京の三鷹市の消費者活動センターで、そして同年7月26日から30日にかけて埼玉県浦和市で開催された「2012平和のための埼玉の戦争展」のなかで展示された。

写真12：アクティブ・ミュージアム「女たちの戦争と平和資料館」で開催された写真展（2012年4月18日から6月17日）および講演会（2012年4月21日）　（写真提供：斉藤由美子）

本章では、この中でもフィリピンで最初に開催されたマパニケ村での写真展と、国内で最初に開催された関西学院大学での写真展に焦点をあて、写真展開催によるアドボカシー活動の効果について考察していく。

マパニケ村での写真展を通しての アドボカシー活動

本プロジェクトの最初の写真展は、プロジェクトの集大成として2009年11月27日から29日かけてマパニケ村の小学校で開催された（写真13、図3参照）。戦争被害の現場であり、参加者たちが暮らす村の中で開催されたということは、ロラたちにとっても、若者たちにとっても特別な意味をもっていたようである。

というのは、これまでマラヤ・ロラズの正義を求める活動は、ほとんどがマニラや日本で行っており、今回のようにマパニケ村内の近隣の人たちに対して自分たちの経験を語ることはなかったのである。したがって、今回のマパニケ村での写真展を通して近隣の人たちが自分たちの経験の詳細を知ることで、ロラたちは最初戸惑いや痛みを感じていた。このことは、フォーカス・グループ・インタビューにおけるロラたちの「最初はつらいものでした」というコメントから見て取れる。こうした戦争中の被害経験が、戦後長年にわたり記憶のなかで抑圧されると同時に、嫌悪と羞恥を感じ、その経験を語ることが「自ら傷ついた体を切り裂いて、その内部をえぐり出す」ほど辛いことは、過去の元慰安婦や強制収容された日系アメリカ人に関する研究においても明らかにされている（馬, 2010; 岡, 2009)。

しかし、「でも話すうちに慣れていって、なんとか答えられるようになりました。（写真展の入場者から自分の経験について）尋ねられたり、インタビューされるたびに『正義』のために（話をするべきだ）

と思うようになりました」や「毎回話をするたびに、心の痛みは薄らいでいきました」というロラたちのコメントからわかるように、次第に苦痛を乗り越えて、近隣の人たちに対して自分たちの過去を語り正義を訴えるようになっていったことがわかる。こうした辛さを乗り越えて、自分の体験の証言や語りを行うことで、自尊心を回復していくことは、韓国人の元慰安婦の証言の中でも語られている（解放出版社, 1993)。

一方、村の若者たちも「(写真を村の人に見せることは、嬉しくはないのですか？）はい、その通りです。ロラたちの痛みを私たちも感じるからです」というコメントのように、当初はロラたちの痛みに共感していた。しかし、痛みを乗り越えて正義を訴えるロラたちの姿をみて、「ロラたちが、こうした写真展や話をすることで、正義のために戦い、少しずつ心の痛みが薄らいでいくことがうれしい」というコメントが示すように、正義を求めるためには苦痛を乗り越えていくことの大切さを若者たちはロラたちから学んでいる。

ロラたちの姿を目の当たりにし、フォトボイスのプロセスの中で語り継ぎを受けた若者たちの「戦争被害に対する意識」も、以前の「詳細を知りたいが、怖い」というアンビバレントなものから、以下のような前向きの気持ちに変化し、ロラたちの活動をサポートしたいという気持ちが芽生えてきた。

「ロラたちを誇りに思います。」

「ロラたちの正義のために戦いたいです。」

「ロラたちがどのように生きのびたかということを決して私たちは忘れてはいけないと思います。ロラたちが自分たちの正義のために戦っていることを、私たちも引き継いで活動していきたいと思います。」

こうした若者たちの気持ちの変化に、「孫たちが私たちのためにアドボカシー活動を続けてくれるなら、きっと世間も私に起こったことの重要性に気づき、第二次世界大戦中の記録の中にマパニケ村が刻み込まれるでしょう」といったように、世代間の境界を越えて自分たちの経験を社会に対して訴え続けて行ってくれることを、ロラたちも期待している。

写真 13：マパニケ村での写真展（2009 年 11 月 27-29 日）

PHOTO EXHIBIT Opening Ceremony
Nov. 28, 2009
8:00-11:00 am
Mapanique Elementary School

Opening remarks:*Lola Lita Vinuya.Malaya Lolas*
Remarks from partners/sponsors:
1. Atty. Virginia Suarez-Pinlac, Kaisa Ka
2. Joe Takeda PhD. Kwansei Gakuin, Japan.
Intro.to Photovoice: *Allan Cledera, Facilitator*
Reaction from the Audience:
1. Mrs. Nancy P. Guevarra, Mapanique Elem. School
2. Mrs. Elvira R. Suba, Mapanique H/S
3. Mrs. Buena H. Miyat, Barangca Elem. School
4. Hon. Eliseo Q. Catacutan, Barangay Captain,
5. Hon. Remigio D. Manalastas, Barangay Captain.
Reflection from the Participants:
Jonathan Payawal
Pamela Pangilinan.
Closing Remarks: *Nino Soliman.*
Masters of Ceremony:
Romar Culala & Rosen Faye Vinuya

図3：マパニケ村での写真展の招待状

関西学院大学での写真展を通しての
アドボカシー活動

日本ではじめて開催されたのが、関西学院大学での写真展『赤い家の真実～戦争被害を語り継ぐ～』である（写真14および図4参照）。2011年6月20日から24日まで関西学院大学図書館（上ヶ原キャンパス）エントランスホールに於いて開催されたこの写真展では、作品の中でもマパニケ村に残された戦争被害をよく表している27作品（作品番号1から27）のみが展示された。

写真14：関学での写真展（2011年6月20-24日）

図4：写真展『赤い家の真実～戦争被害を語り継ぐ～』のチラシ

関西学院大学での5日間にわたる写真展では、27作品の展示写真以外に、マラヤ・ロラズが自分たちの経験を基に作った唄「マラヤ・ロラズの歌」（第2部第5章参照）のビデオ（日本語および英語の字幕つき[23]）とマパニケ村のフォトボイスのプロセスをまとめたビデオ作品も上映された。さらに、来場者には「もっとも印象に残った作品とその理由」、「写真展の感想」、「ロラたちへのメッセージ」を書いてもらうアンケートを実施し、5日間のトータルで214名の方に回答いただいた。アンケートに回答してない人を含めると、500名近い人たちが写真展に来場したと考えられる。

印象に残った作品

アンケートの集計の結果、有効回答196票のうち26票ともっとも多くの来場者が「もっとも印象に残った作品」として挙げたのは、バハイ・ナ・プラの玄関越しに外の子供たちを写した作品番号3「暴力的な過去への扉」であった（表4参照）。バハイ・ナ・プラの中の薄暗さと玄関の外の明るい風景という暗影のコントラストが、「昔ひどいことがあった場所で、今は子どもたちが遊んでいるのが何とも言えない」、「暗い過去を持つ扉と、無邪気な子ども（未来）が一緒にある」といった選定理由に見られるように、悲惨な過去と現在の無邪気な子どもたちという対比を評価するコメントが多くあった。また「悲痛な過去から明るい未来へ歩み出していくような印象を受けました」というコメントに代表されるように、戦争の爪痕を写す作品のなかで数少ない「未来」を感じさせる作品ということで、多くの来場者の印象に残ったようである。

23票を集めて2番目に得票が多かったのは、バハイ・ナ・プラの全景を正面から写した作品番号2「バハイ・ナ・プラ：マパニケの史跡」であった。「静かにたたずむその赤い家からは想像もできない真実が隠されている事に驚きを隠せず、また信じがたいから」や「写真からも何かしら穏やかなようで、恐ろしいものを感じる」というコメ

表４：関西学院での写真展で印象に残った作品に関するアンケート結果（トップ 15 作品）

作品番号	タイトル	集計結果
3	暴力的な過去への扉	26
2	バハイ・ナ・プラ：マパニケの史跡	23
5	ロラたちの叫び 1	22
9	暗い過去への窓	17
25	時間の牢獄	15
6	ロラたちの叫び 2	9
8	悲痛な過去の覗き窓	9
4	希望って本当にあるの?	9
1	過去の爪痕	8
10	死刑執行人たちの棲家	8
27	ドリーム・ハウス	8
24	これがロラのストーリー	7
16	残されたものは思い出だけ	5
18	希望は残されているの?	4
11	無言の目撃者	4

ントからもわかるように、鮮やかな赤色の立派な屋敷と、その場所が持つ悲惨な過去のコントラストが多くの人の心を揺さぶったようである。3番目に得票が多かったのも、やはりコントラストが印象的な作品であった。孫たちに自分たちの経験をつらい表情で語るロラたちを写し、22票を集めた作品番号5「ロラたちの叫び1」には、「うつむき悲しそうな女性たちの姿とうらはらに、その周囲は穏やかな光に満ちていた。風化されていく事実と、いつまでも癒えない彼女らの心の傷が対照的で胸に迫るものがあった」や「彩り豊かな民族衣装と悲しみの表情の重さが印象的だったから」といったコメントが寄せられた。

4番目と5番目に印象深いと答えた人が多かったのは、どちらも「窓」をテーマにした作品であった。バハイ・ナ・プラの窓から外を見るロラの横顔を写し17票を集めた作品番号9「暗い過去への窓」は、「忌わしい記憶が宿る『赤い家』に入って、そこで辛い過去について口を開くロラの横顔、目に心打たれました」や「自分たちが大きな苦しみを受けた場所を訪れることはとても難しいことだろうという私の気持ち（憶測）を重ね合わせたせいか、この家の中に立っている被害者のロラの姿にドキっとするものを感じました」などに代表されるように、被害を受けた場所にたたずむロラの姿が印象的な作品である。一方、15票を集めた作品番号25「時間の牢獄」は自宅の窓格子越しに虚ろな表情のロラを写したものであるが、「タイトルと写真の構図が妙で哀愁を誘った」作品として印象に残ったようである。

来場者の感想とロラたちへのメッセージ

写真展への感想に対するアンケートの集計結果からは、来場者の多くから、戦争の悲惨さや残酷さの認識、驚きと怒り、謝罪の気持ち、旧日本軍の非人道的な行為を初めて知ったといった意見が寄せられた。また、マラヤ・ロラズの活動に対する賛同や支援の多くのメッセージとともに、以下のように、日本人である自分たち自身が語りついでいくべき、アクションを起こしていきたいというメッセージも見られ、フォトボイスのアドボカシー活動の効果を確認することができた。

「日本人は加害者だからこそ、この事実を伝承する責務があると思います。」

「私達の先祖が行ったことは許されることではありません。過去のことだからと水に流せるものでもありません。しっかりとこの事実を受け止め、僕もできる限り多くの人にこのことを伝えていきたいです。」

「戦中から変わらず、日本は今も暴力が支配する国のままです。

変えていきたいです。」

「過去は変えれないと思うけど、未来は変えれると思います。このことを語り継ぐことが、日本人にも、被害者の方にもできる唯一のことだと思いました。」

「こうした“あやまち”を繰り返さないためにも、政府はこの問題と向き合うべきだと思います。そのためには、国民の一人一人が、向き合うことからはじまるのだと思います。その一人に私はなりたいと思いました。」

「絶対に過去の日本の過ちを後世の日本に伝えていきます。」

第11章

おわりに

本研究では、あと10年もすれば語ることのできるロラたちがいなくなってしまうマパニケ村の戦争被害を、この村のロラたちと若者たちを対象とした参加型アクションリサーチの手法であるフォトボイスによって、ロラたちと若者たちへの世代を超えた語り継ぎ、さらにフォトボイスの成果である作品を用いた写真展などのアドボカシー活動を通してロラたちと若者たちが広く社会や後世に正義を訴えていくきっかけづくりを目指した。

フォトボイスの活動なかで、ロラたちからの語り継ぎによって、多くの村の若者たちがロラたちを誇りに思い、ロラたちの意思を継いで正義を求める活動を行いたいという意識が芽生えたことが確認できた。これをきっかけに、ロラたち自身が活動できなくなった後も、村の若者たちがロラたちの意思を引き継いで正義を求める活動をマパニケ村で行っていってくれることを願う。

しかし、マパニケ村の戦争被害を語り継いでいくのは、マパニケ村の若者たちだけのミッションではない。日本で開催された写真展の来場者である戦争を知らない多くの日本の若者たちも、戦争の悲惨さや残酷さを認識するとともに、こうした非人道的な行為が繰り返されないように「語り継いでいきたい」という思いを抱くようになった。正義を達成するためには、マパニケ村の人たちとともに、世界中のより多くの人たちがこの村の負った戦争被害を知り、ロラたちの想いを真摯に受け止めることが必要であろう。実際に、これまでもロラたちの受けた戦争被害のことを知って支援を続ける日本の市民団体[24)]があり、

写真 15：日本人支援者の援助によって改装され立派になった慰霊碑
（2012 年 8 月撮影）

この団体によって 2012 年に小学校の校庭の慰霊碑は立派に改装されている（写真 15 参照）。今後は、こうした支援の輪が日本国内に拡がっていくことを期待する。

フォトボイスを実施してから 3 年が経過した 2012 年 8 月、筆者は再び、マパニケ村に訪問して、フォトボイスのプロジェクトを振り返るインタビューを行った。本書を締めくくるにあたり、そのインタビューの中でロラたちが語ってくれた「今の心境」を紹介する。

「日本の権力を握っている人たちが私たちの話に耳を傾けて、正義のために尽力してくれることを願っています。」

「私たちの多くはすでに亡くなり、生き残っているものたちも年々弱ってきています。日本は私たちが死んで、誰もいなくなるのを待っているのでしょうか？私たちには、今すぐ正義が必要なのです。そのためには、より多くの人たちがマラヤ・ロラズの活動をサポートしてくれることを願っています。」

「死ぬまでに正義が達成されることを願っています。私たちの多くは年老いて病弱で病院に通っていますが、そのお金もすべて子どもたちに頼っているのが現状です。私たちは病気や苦しみに耐えながら正義を訴えているのです。」

「マラヤ・ロラズの数は42名までに減ってしまいました。（生き残っている）者の多くも90歳近くになって、病弱になってきています。今すぐ正義が必要です。日本政府は今すぐ正式な謝罪と、法的賠償金を支払うべきです。」

「フォトボイスのプロジェクトに参加して、多くの人たちにマパニケ村の戦争被害を伝えることができたことを感謝します。私たちの作品を見た人たちが、日本政府に対してマパニケ村の戦争被害への対応に真剣に取り組むよう働きかけてくれることを願っています。」

「正義を達成することは簡単なことではありません。だから、もっと多くの日本人のサポートが必要なのです。」

注

1) この屋敷の外壁は赤色であったため、当時から近隣ではこのお屋敷をバハイ・ナ・プラ（タガログ語で「赤い家」の意）と呼んでいた（フォトボイス作品2参照）。

2) 正式名称はPagkakaisa ng Kababaihan sa Lalayaan（女性の権利と解放のための女性団体）であり、ASCENTに代わって現在マラヤ・ロラズのパートナー団体（http://www.kaisaka.org/）。

3) 社会的弱者やマイノリティである自分あるいは他者の権利と利益を守るための権利擁護、代弁、社会運動、政策提言などの活動を行うこと。

4) 撮影者の年齢は、フォトボイスのプロジェクトを実施した2009年11月末時点のもの。

5) ヤシ科の植物で、種子が噛みタバコに使用される。

6) フィリピンにおける最小の行政区。

7) マリア・ロサ・ルナ・ヘンソンさんが受けた戦争被害については、マリア・ロサ・L.・ヘンソン（著）『ある日本軍「慰安婦」の回想』（藤目ゆき訳、岩波書店、1995年）に詳しい。

8) 発見された資料『戦車第二師団千葉隊作命綴』は、当時マパニケ村から20キロ離れた地域に拠点もって活動していた抗日共産匪「フクバラハップ」というゲリラ討伐の一環として、「討伐隊ハ『マパニキ』付近ノ匪団ヲ全滅セントス」という討伐隊命令を日本軍戦車第二師団に下すものであった。

9) マパニケ村に関する資料は収録されていないが、日本軍のフィリピンにおける性暴力を裏付けるものとして、戦地性暴力を調査する会著『資料集・日本軍における性管理と性暴力――フィリピン1941～45年』（梨の木舎、2008年）がある。これは、防衛省防衛研究所図書館に所蔵されている性管理と性暴力に関する日本軍文書を収録したものである。また、ルソン島における抗日ゲリラ戦に関しては、石田甚太郎著『ワラン・ヒヤ――日本軍によるフィリピン住民虐殺の記録』（現代書館、1990年）、石田甚太郎著『殺した殺された――元日本兵とフィリピン人二〇〇人の証言』（径書房、1992年）、友清高志著『狂気――ルソン住民虐殺の真相』（徳間書店、1983年）が詳しい。ルソン島ではなくパナイ島における抗日ゲリラ戦は、熊井敏美著の『フィリピンの血と泥――太平洋戦争最悪のゲリラ戦』（時事通信社、1977年）が詳しい。マパニケ村近郊での日本軍の活動に関する資料としては、矢野正美著『ルソン島敗残実記。』（三樹書房、1993年）もある。

10)「戦争と女性への暴力」日本ネットワーク（Violence Against Women in

War Network Japan)。

11) 正式名称は、日本軍性奴隷制を裁く女性国際戦犯法廷（The Women's International War Crimes Tribunal on Japan's Military Sexual Slavery）。被告人の出席がなく、法的拘束力がないという批判が一部にあるが、法廷憲章にのっとり、被害者本人の証言や数々の証拠資料を基に、世界的に著名な法律の専門家が判決を出した民衆法廷ということで高く評価されるべきであり、その意義は非常に高い。

12) 公権力の行使に当たる行為によって市民に損害を加えても国家は損害賠償責任を負わないとする法理。

13) オリジナルの歌詞は、パンパンガ地方の言語であるが、本書に載せている日本語の歌詞は、カイサ・カによって英訳された歌詞を武田丈研究室で日本語に翻訳したものである。

14) 社会的に剥奪された者たちが、社会的・政治的な抑圧的構造によって否定的な自己像を内面化してしまう「沈黙の文化」を認識し、そこから自分を解放していくプロセス。

15) ワークショップや会議などにおいて合意形成や相互理解に向けて深い議論がなされるよう、中立的な立場でワークや議論がスムーズに進むように促し調整する役割を負った人。

16) 幹線道路から数キロ離れたマパニケ村では、村から幹線道路まで出てバスを拾うために、また生活必需品を購入するために、多くの村民がトライシクル（オートバイに側車などを取り付けたタクシー）を利用しており、農業とともに村民の多くがこのトライシクルの運転手として生計を立てている。

17) 1か月半にわたるフォトボイスのワークショップは、カイサ・カのスタッフとは別に、筆者と過去に別のフォトボイスのプロジェクト（Takeda, 2011）をフィリピンで実施した経験のある3名のフィリピン人のファシリテーターのチームによって進められた。3名の中でも中心的にファシリテーションを行ったスタッフは、過去に国際的なNGOのカメラマンの経歴を持つとともに、参加型ワークショップのファシリテーションの経験も豊富である。

18) セミナーやワークショップの最初に、参加者の抵抗感や緊張をなくすために行うコミュニケーション促進のためのグループワーク。

19) デジタル・カメラの使用も検討したが、パソコン上で無料で撮影作品を確認できるため、撮影枚数に制限がなく、撮影者が構図や意図を深く考えずに撮影する可能性が高い。これに対してフィルムカメラの場合、フィルムロールの撮影枚数に限りがあり、撮影作品の確認も現像代がかかるので、参加者がより意図をもって撮影するようになるため、本調査ではフィルムカメラを使用することとした。

20）プリテストでは平均値の差は7.115で、t値は3.740（自由度15）で、有意確率は.002となる。ポストテストでは10.115とさらにその差は拡がり、t値は5.050（自由度15）となり、有意確率は.000であった。

21）「若者のセッションへの参加度合い」と「プロセス前後での尺度の点数の変化」の相関係数は.585（n ＝ 13, p ＜ .05）であり、統計的に有意であった。

22）マラヤ・ロラズのメンバーの中には、『The Women of Mapanique: Untold Crimes of War』（Gajudo, Nena, Alunan, Gina and Macabuam Susan, 2000, Quezon City, Philippines: ASCENT（Asian Centre for Women's Human Rights））を所有している者もいる。

23）フィリピンの女性支援NPOのWEDPRO（the Women's Education, Development Productivity, & Research Organization）とビデオ製作会社のCitrus Foundationsが、カイサ・カとthe Philippines Women's Network on Peace & Securityの協力のもと、2007年に制作したマラヤ・ロラズの歌声とともに本人たちが登場する戦争被害のイメージ・ビデオ（歌詞の英語訳の字幕付き）に、武田丈研究室が日本語訳の字幕をつけたもの。

24）フィリピン元「慰安婦」支援ネット・三多摩（ロラネット）およびフィリピン・ピースサイクル。

参考文献

Blackman, A. (2007) *The PhotoVoice Manual: A Guide to Designing and Running Participatory Photography Projects*. PhotoVoice.

Booth, T., & Booth, W. (2003) In the frame: Photovoice and mothers with learning difficulties. *Disability & Society*, 18(4), 431-442.

馬暁華（2010）「観光・エスニシティ・記憶の文化ポリティックス――アメリカ合衆国におけるマイノリティ集団の博物館を中心に」『歴史研究』47, 1-22.

Carlson, E. D., Engebretson, J., & Chamberlain, R. M. (2006) Photovoice as a social process of critical consciousness. *Qualitative Health Research*, 16(6), 836-852.

Catalani, C., & Minkler, M. (2010) Photovoice: a review of the literature in health and public health. *Health Education & Behavior*, 37, 424-451.

道信良子・澤田いずみ・今野美紀・田野英里香・石川朗・石井貴男・高橋由美子・寺田農・三瀬敬治（2010）「札幌医科大学『地位医療合同セミナーI』における医療職種理解のためのフォトボイス活用」札幌医科大学保健医療学部紀要 , 12 号 , 45-50.

Freire, P. (1970) Pedagogia do Oprimido.（＝2011, 三砂ちづる訳『新訳　被抑圧者の教育学』亜紀書房）.

Gajudo, Nena, Alunan, Gina and Macabuam, Susan (2000) *The Women of Mapanique: Untold Crimes of War*, Quezon City, Philippines: ASCENT (Asian Centre for Women's Human Rights).

Gonzales, I. M. (1981) Photolanguage: Philippines - A Manual for Facilitators. Sonolux/Asia.

解放出版社編（1993）『金学順さんの証言――「従軍慰安婦問題」を問う』解放出版社.

Luft, J. (1982) The Johari Window: A graphic model of awareness in interpersonal relations. In NTL Institute for Applied Behavioral Science (Ed.), *Reading Book for Human Relations Training* (2nd ed.), NTL Institute.

Lykes, B. M., Blanche, M. T., & Hamber, B. (2003) Narrating survival and change in Guatemala and South Africa: The politics of representation and a liberatory community pscychology. *American Journal of Community Psychology* 31(1/2), 79-90.

National Statistics Office (2008) 2007 Census of Population (http://www.census.gov.ph/data/census2007/index.html) 最終確認年月日　2012年9月28日.
岡真理（2000）『記憶／物語（思考のフロンティア）』岩波書店.
岡村純・金城芳秀（2002）「沖縄離島における Photovoice の試み――参加型 Needs Assessment としての応用」沖縄県立看護大学紀要, 第3号, 101-106.
岡野文彦（2000）「フィリピン・マパニケ村――住民虐殺・集団強かん事件」西野瑠美子・林博史・VAWW-Net Japan 編『「慰安婦」・戦時性暴力の実態 II ――中国・東南アジア・太平洋編』緑風出版, 270-295.
Purcell, R. (2007) Images for change: Community development, community arts and photography. *Community Development Journal,* 44(1), 111-122.
千田夏光（1973-4）『従軍慰安婦』双葉社.
Strack, R. W., Magill, C., & McDonaugh, K. (2004) Engaging youth through photovoice. *Health Promotion Practice,* 5(1), 49-58.
武田丈（2011）「フィリピンの村で戦争被害を語り継ぐ」小國和子・亀井伸孝・飯嶋秀治編『支援のフィールドワーク――開発・福祉の現場から』世界思想社, 182-184.
Takeda, J. (2011) Facilitating youth action for sustainable community using Photovoice. *Kwansei Gakuin University Social Sciences Review,* 15, 13-23.
田中國夫・藤本忠明・植村勝彦（1978）「地域社会への態度の類型化について――その尺度構成と背景要因」『心理学研究』, 49, 36-43.
VAWW-NET Japan（2002）『女性国際戦犯法廷の全記録 II』緑風出版.
Wang, C. (1999) Photovoice: A participatory action research strategies applied to women's health. *Journal of Women's Health,* 8(2), 185-192.
Wang, C., & Burris, M. (1994). Empowerment through Photo Novella: portraits of participation. *Health Education & Behavior,* 21(2), 171-186.
Wang, C., & Burris, M. (1997) Photovoice: Concept, methodology, and use for participatory needs assessment. *Health Education & Behavior,* 24, 369-387.
Wang, C. C., Cash, J.,& Powers, L. S. (2000) Who know the street as well as the homeless?: Promoting personal and community action through photovice. *Health promotion Practice,* 1(1), 81-89.
Wang, C., & Pies, C. (2004) Family, Maternal, and child health through photovoice. *Maternal and Child Health Journal,* 8(2), 95-102.
Wang, C. C., & Redwood-Jones, Y. A. (2001) Photovoice ethics: Perspectives from

Flint Photovoice. *Health Eucation & Behavior,* 28(5), 560-572.

Wang, C., Yuan, Y. L., & Feng, M. L. (1996) Photovoice as a tool for participatory evaluation: Then community's view of process and impact. *Journal of Contemporary Health,* 4, 47-49.

Wilson, N., Dasho, A., Martin, A. C., Wallerstein, N., Wang, C., & Minkler, M. (2007) Engaging young adolescents in social action through Photovoice: the Youth Empowerment Strategies (YES!) Project. *Journal of Early Adolescence,* 27(2), 241-261.

山崎朋子（1972）『サンダカン八番娼館——底辺女性史序章』筑摩書房.

吉田清治（1977）『朝鮮人慰安婦と日本人——元下関労報道員部長の手記』新人物往来社.

あとがき

マラヤ・ロラズと私の出会いは、セレンディピティ（求めずして思わぬ発見をする能力、運よく発見したもの、あるいは偶然の発見の意）的だと表現できると思います。大変な戦争被害を受けたロラたちとの出会いに、どちらかというと「ポジティブ」な発見に使われることの多いセレンディピティという言葉を使うのは少し違和感があるかもしれません。また、私とマラヤ・ロラズの出会いは「まったくの」偶然とは言えないかもしれませんが、私はあえてセレンディピティと表現したいのです。なぜなら、この出会いだけでなく、この出会いをきっかけに、さまざまな協力者の方々と運よく出会えたおかげで、マパニケ村でフォトボイスを実施でき、その成果としてフィリピンと日本の両国で写真展を開催し、そして今回こうしてその成果を出版できる運びとなったからです。

そもそもの始まりは、関西学院大学の先端社会研究所でした。この先端社会研究所は、2003年度から5年間文部科学省からの「研究拠点形成費補助金」を受けて、当時私が所属していた関西学院大学社会学部が中心となって展開した21世紀COEプログラム「『人類の幸福に資する社会調査』の研究——文化的多様性を尊重する社会の構築」の成果として学内に設置されたものです。この先端社会研究所が2008年度より共同研究「戦争が生み出す社会」を開始するのに伴い、当時この研究所の研究員であった私は、自分のフィールドワークのフィールド地であるフィリピンでこの研究テーマに関する調査対象を探すことになったのです。したがって、研究所がこの研究テーマを選んでいなかったら、私とロラたちの「偶然な出会い」は起こらなかったでしょう。

それまで日本からフィリピンに帰国したフィリピン女性移住労働者や、彼女たちが日本人男性との間にもうけた日比国際児たちを支援する現地のNGOと一緒に調査・実践活動を行っていた私は、「戦争」というテーマに当初戸惑いました。なぜなら、私はそれまで戦争に関する調査にまったくかかわったことがなかったからです。最初に私の頭に浮かんだのは、いまだに国内紛争が続くミンダナオ島からマニラに移住してきたイスラム教のフィリピン人コミュニティ、米軍基地周辺のコミュニティ、あるいは元慰安婦の人たちなどでした。しかし、こうしたコミュニティにまったく伝手のなかった私は、当時アジア社会研究所の副学長で私と一緒に別のフォトボイスのプロジェクトを行っていたGina Yap氏に相談しました。その際に、私と同じソーシャルワークを専門とする彼女がたまたま紹介してくれたのがマパニケ村でした。さっそく、彼女とともにマラヤ・ロラズを支援しているNPO団体カイサ・カのマニラ事務所を訪問しました。そこでマパニケ村の人たちが日本軍によって受けた戦争被害の概要を聞かせてもらった私は、ぜひマパニケ村を訪問してロラたちから話を伺いたいという気持ちと、日本人男性である私がマパニケ村ではたしてフィールドワークができるのであろうかという気持ちが入りまじり、期待と不安を胸にいだいて第1章に書いたように2008年11月にマパニケ村への最初の訪問を行ったのでした。したがって、あのとき彼女が偶然マパニケ村の話題を出さなかったら、マパニケ村での調査は実現しなかったでしょう。Yap氏には心より感謝いたします。

最初のマパニケ村の訪問で調査することを決意した私は、帰国後マパニケ村に関する文献研究を行う中で、VAWW-NETジャパン（「戦争と女性への暴力」日本ネットワーク）が2000年に女性国際戦犯法廷を主催し、その中でマパニケ村の調査を実施したことを知りました。私の長年の知人であり、アジア人女性の支援に携わっている森木和美氏（アジア女性自立プロジェクト）がたまたまこの女性国際戦犯法廷に詳しかったことから、森木氏よりこの法廷のためにマパニケ村を調査した斉藤由美子氏を紹介していただき、法廷や法廷のために行った調査についてなどさまざまな情報をいただきました。お二人には心よりお礼を申し上げます。特に斉藤氏には、校正原稿の内容を確認していただいたり、文献や資料を紹介いただいたり、wamでの写真展の機会もご紹介いただきました。本当に、ありがとうございました。

マパニケ村でのフォトボイス実施に関しては、マパニケ村のIsabelita Vinuya, Belen Culala, Jovita David, Martha Gulapa, Rupina Gulapa, Camille Culala, Carmela Culala, Lyneth Culala, Romar Culala, Rhenz Garcia, Jacqueline Fay Lombo, Jesa Perez, Pamela Pangilinan, Jonathan Payawal, Nino Solomon, Rosen Faye Vinuya, Jevilyn Vinuya, Khey Vinuya, Maylyn Vinuya, Marison Vinuya, Daisilyn Vinuya, Jeffrey David, Jefferson Jarillaの各氏に多大な協力いただきました。この21名とともに、フォトボイスのファシリテーターとしてかかわってくれたAllan Cledera, Anna Acejas, Raul Andalisの3氏、そしてマラヤ・ロラズとのパイプ役としてご協力いただいたカイサ・カのAtty. Virginia Suarez-Pinlac, Corazon Delacruz Requizo, Maria Miel Gracilla Laurinariaの3氏、マパニケ村訪問の度に通訳として協力してくれたVictorina Lloren氏、そしてマパニケ村訪問への同行や調査のための資料収集に協力をいただいた当時の先端社会研究所の専任研究員だった岩佐将志氏の各位に、深くお礼を申し上げます。特に、日本人男性である私を毎回歓迎してくれ、いつも他のメンバーや村の若者たちに協力を促してくれたマラヤ・ロラズのリーダーのロラ・リタ、そしてあの日私の手を握って“Help us, Joe!”と懇願して私の調査実施の決意を固めさせてくれたロラ・ベレンには、感謝し尽くせません。

また、本書の前身となる写真集を兼ねた調査報告書の作成、および関西学院大学での写真展開催に関しては、当時の武田丈研究室のメンバー（紬かおり・中村諒・長谷川かおり・西田麻由香・工藤正寛・二ノ宮響・前田知沙・大谷有香・李楊・原弘輝・岩谷美幸・小出和那・原あさぎ・鶴紀子）、そして先端社会研究所の松本暢子、笹崎由起子、遠藤なつみの3氏に、特にお世話になりました。さらにJoan Gilbert

氏には、報告書や写真展の英語のチェックをしていただきました。各位に、改めて感謝の念のお伝えします。関学以外の日本での写真展開催に関しては、wam のスタッフの方々、山田久仁子氏をはじめとするロラネットの方々、平田一郎氏をはじめとするフィリピン・ピースサイクルの方々に、深謝いたします。

なお、マパニケ村でのフォトボイス調査は、2008 年度と 2009 年度の先端社会研究所の研究助成を受けて実施されました。その成果である写真集や写真展を通したアドボカシー研究に関しては、日本学術振興会の科学研究費助成事業（課題番号：23530790）の助成を受けて実施されました。そして、本書の出版に関しては、関西学院大学 2012 年度個人特別研究費 A を受けて実現することになりました。これらの助成支援をいただいた各機関、そして出版助成に関する情報を下さった関西学院大学出版会の田中直哉氏、さらに本書の素晴らしいデザインや校正を担当してくださった同出版会の戸坂美果氏に、大変感謝いたします。

このように、私とマパニケ村の出会いがセレンディピティ的なものであったように、マパニケ村でのフォトボイスの取り組み、そしてその後の写真展開催や本書の出版もさまざまな方々との偶然的、運命的、あるいは必然的な出会いがいくつも重なり合って実現したものであり、まさにセレンディピティと呼べるのではないかと思っています。

マラヤ・ロラズの正義を求める活動は、今も続いています。しかし、彼女たちに残された時間はあまりありません。本書にセレンディピティ的に出会われた読者の方々、本プロジェクトの写真展においてロラたちの活動をセレンディピティ的に知った方々が、これからのマラヤ・ロラズの活動に対する支援の輪に少しでもつながっていくことを、心より願っています。

2013 年 1 月 1 日

武田　丈

著者略歴

武田　丈（たけだ じょう）

関西学院大学人間福祉学部教授

1996 年、米国テネシー大学大学院修了、Ph.D.。専門は多文化・国際ソーシャルワーク。米国での難民支援や子どもの薬物濫用防止、インドでの識字向上など、海外でソーシャルワークの実践・研究に従事した後、1999 年に帰国。2000 年より関西学院大学で教鞭をとりながら国内の外国人支援や多文化共生を目指す NPO の活動、研究、立ち上げに参加。近年は、フィリピンの移住労働者問題、貧困問題、戦争被害に関して、参加型アクションリサーチ、社会起業、セルフサポートといったオルタナティブな手法で実践や研究に従事。また、国内では、人間福祉学部社会起業学科生たちとの協働プロジェクトとして、さまざまな問題を抱える滞日アジア人女性への雇用機会創出とエンパワメントを目的とするカフェ事業（ソーシャルビジネス）にも取り組む。

主な著書

『ソーシャルワーカーのためのリサーチ・ワークブック』（単著、2004 年、ミネルヴァ書房）、『フィリピン女性エンターテイナーのライフストーリー』（編著、関西学院大学出版会、2005 年）、『クロスボーダーからみる共生と福祉』（共編著、ミネルヴァ書房、2005 年）、『Participatory learning and action: The experience of Batis AWARE-Empowered at ten』（共著、Batis Center for Women, Inc., 2007 年）『アクション別フィールドワーク入門』（共編著、世界思想社、2007 年）、『Behind the drama of Filipino entertainers in Japan』（共著、Batis Center for Women, Inc., 2008 年）。

写真が語る

赤い家の真実

アクションリサーチによる戦争被害者のエンパワメントとアドボカシー

2013 年 3 月 15 日初版第一刷発行

著　者　武田　丈

発行者　田中きく代

発行所　関西学院大学出版会

所在地　〒 662-0891

兵庫県西宮市上ケ原一番町 1-155

電　話　0798-53-7002

印　刷　株式会社クイックス

Printed in Japan by Kwansei Gakuin University Press

ISBN 978-4-86283-133-0

http://www.kwansei.ac.jp/press/